La Ciencia
para Todos

Desde el nacimiento de la colección de divulgación científica del Fondo de Cultura Económica en 1986, ésta ha mantenido un ritmo siempre ascendente que ha superado las aspiraciones de las personas e instituciones que la hicieron posible. Los científicos siempre han aportado material, con lo que han sumado a su trabajo la incursión en un campo nuevo: escribir de modo que los temas más complejos y casi inaccesibles puedan ser entendidos por los estudiantes y los lectores sin formación científica.

A los diez años de este fructífero trabajo se dio un paso adelante, que consistió en abrir la colección a los creadores de la ciencia que se piensa y crea en todos los ámbitos de la lengua española —y ahora también del portugués—, razón por la cual tomó el nombre de La Ciencia para Todos.

Del Río Bravo al Cabo de Hornos y, a través de la mar Océano, a la Península Ibérica, está en marcha un ejército integrado por un vasto número de investigadores, científicos y técnicos, que extienden sus actividades por todos los campos de la ciencia moderna, la cual se encuentra en plena revolución y continuamente va cambiando nuestra forma de pensar y observar cuanto nos rodea.

La internacionalización de La Ciencia para Todos no es sólo en extensión sino en profundidad. Es necesario pensar una ciencia en nuestros idiomas que, de acuerdo con nuestra tradición humanista, crezca sin olvidar al hombre que es, en última instancia, su fin. Y, en consecuencia, su propósito principal es poner el pensamiento científico en manos de nuestros jóvenes, quienes, al llegar su turno, crearán una ciencia que, sin desdeñar a ninguna otra, lleve la impronta de nuestros pueblos.

Comité de Selección

Dr. Antonio Alonso
Dr. Francisco Bolívar Zapata
Dr. Javier Bracho
Dr. Juan Luis Cifuentes
Dra. Rosalinda Contreras
Dra. Julieta Fierro
Dr. Jorge Flores Valdés
Dr. Juan Ramón de la Fuente
Dr. Leopoldo García-Colín Scherer
Dr. Adolfo Guzmán Arenas
Dr. Gonzalo Halffter
Dr. Jaime Martuscelli
Dra. Isaura Meza
Dr. José Luis Morán-López
Dr. Héctor Nava Jaimes
Dr. Manuel Peimbert
Dr. José Antonio de la Peña
Dr. Ruy Pérez Tamayo
Dr. Julio Rubio Oca
Dr. José Sarukhán
Dr. Guillermo Soberón
Dr. Elías Trabulse

LOS ALIMENTOS MÁGICOS
DE LAS CULTURAS INDÍGENAS MESOAMERICANAS

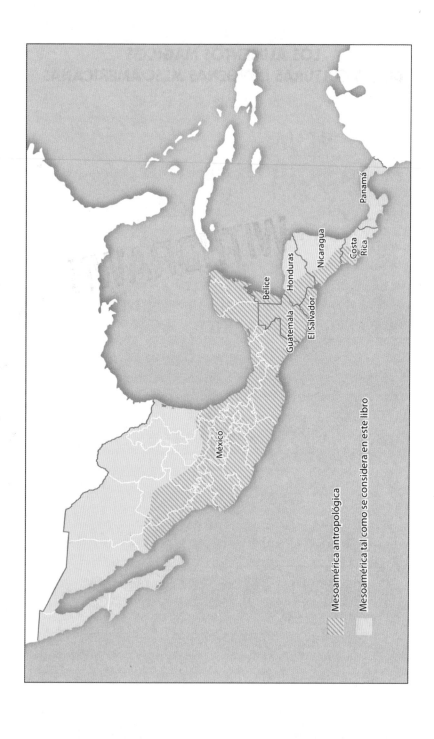

Mesoamérica antropológica

Mesoamérica tal como se considera en este libro

Panamá

Costa Rica

Nicaragua

Honduras

El Salvador

Belice

Guatemala

México

Octavio Paredes López • Fidel Guevara Lara
Luis Arturo Bello Pérez

LOS ALIMENTOS MÁGICOS DE LAS CULTURAS INDÍGENAS MESOAMERICANAS

la ciencia/212 para todos

Primera edición: 2006

Paredes López, Octavio, Fidel Guevara Lara y Luis Arturo Bello Pérez
Los alimentos mágicos de las culturas indígenas mesoamericanas
/ Octavio Paredes López, Fidel Guevara Lara, Luis Arturo Bello Pérez
— México : FCE, SEP, CONACYT, CAB, 2006
197 p. : ilus. ; 21 × 14 cm — (Colec. La Ciencia para Todos)
ISBN 968-16-7567-3

1. Flora mesoamericana 2. Entomología mesoamericana 3. Culturas indígenas mesoamericanas 4. Nutrición I. Guevara Lara, Fidel, coaut. II. Bello Pérez, Luis Arturo, coaut. III. Ser. IV. t.

LC SB123.57   Dewey 508.2 C569 V.212

Distribución mundial

Diseño de portada: *Laura Esponda*

Conozca nuestro catálogo en
http://www.fondodeculturaeconomica.com

Agradecemos sus comentarios y sugerencias al correo electrónico
laciencia@fondodeculturaeconomica.com

La Ciencia para Todos es proyecto y propiedad del Fondo de Cultura Económica, al que pertenecen también sus derechos. Se publica con los auspicios de la Secretaría de Educación Pública y del Consejo Nacional de Ciencia y Tecnología

D.R. ©, 2006, Fondo de Cultura Económica
Carretera Picacho-Ajusco 227, 14200 México, D.F.

ISBN 968-16-7567-3

Impreso en México • *Printed in Mexico*

DEDICATORIA

En menos de diez años, entre 1845 y 1854, México perdió un poco más de la mitad de su territorio. Ese enorme y rico espacio, comprendido entre los Océanos Pacífico y Atlántico, que iba desde la Alta California hasta Texas, y que durante cerca de tres siglos estuvo bajo la influencia española y finalmente mexicana, pasó a formar parte de los Estados Unidos mediante una injusta anexión, conquista o compra bajo condiciones de presión. Las dificultades políticas internas del México lejano, y frecuentemente ausente, y la voracidad territorial del gobierno y pobladores de aquel país favorecieron esa importante y dolorosa pérdida. La población mexicana que habitaba a la sazón esa zona llegaba a varios miles, y la mayoría se localizaba en una franja de 400 kilómetros a lo largo de la frontera actual entre los dos países.

Hacia fines del siglo xix los Estados Unidos se habían convertido ya en la economía más dinámica del mundo, lo que aceleró la necesidad de trabajadores provenientes principalmente de su cercano —pero frecuentemente distante— vecino del sur. De esta manera la presencia mexicana se hizo y se ha hecho cada vez más visible en todas las actividades de la vida de ese enorme país. Nos causa una extraordinaria satisfacción que los chicanos (mejor conocidos peyorativamente como pochos en décadas pasadas) y los nacidos en México —con o sin documentos migratorios—, que ya ascienden aproximadamente al 10% del total de habitantes (estimaciones recientes señalan entre el 12-15%), empiezan ya visiblemente a ocupar posiciones relevantes en las universidades y escuelas, en las empresas grandes y pequeñas, en la política federal, estatal y comunitaria, así como en diversos organismos de la sociedad civil. Y su rápido crecimiento poblacional, en buena parte debido a su propia religión, augura que hacia mediados de este siglo xxi la pigmentación morena minoritaria será enormemente visible, y en algunas regiones francamente mayoritaria. De esta manera estamos ante la reconquista pacífica y silenciosa más grande de nuestra identidad que haya registrado la historia jamás.

Los mexicanos de antes y de ahora y los chicanos (descritos todos ellos en la actualidad con el término genérico de paisanos, menos peyorativo y quizá hasta más cálido) se han mantenido en la medida de lo posible fieles a sus tradiciones; así, han insertado también en esa rica y abierta sociedad anglosajona, todavía mayoritaria, sus hábitos alimentarios. De esta manera, los alimentos y bebidas, e incluso diversas plantas de tipo medicinal de esta parte del mundo, cada vez tienen ahí una mayor aceptación y demanda, y no solamente en la zona que perdimos, sino a lo largo y ancho de todo ese territorio. Y ha sido principalmente desde los Estados Unidos, por lo menos en sus inicios, que los alimentos y bebidas de tipo mexicano empezaron a darse a conocer en una buena parte del mundo. Es decir, los chicanos y mexicanos de allá también en eso han contribuido con su país de origen; país que no supo, no pudo, o no le interesó (o todo ello junto) mantenerlos en su seno y darles la oportunidad para una vida decorosa.

En adición a lo anterior, los paisanos envían en la actualidad a sus familias en México remesas que ya sobrepasan los veinte mil millones de dólares anuales; por cierto, uno de los principales ingresos de nuestro país. Es difícil imaginarse a un México en calma (y con los todavía modestos niveles de bienestar) sin esa participación cada vez más notable.

Por lo anterior, los paisanos deberían ser para nosotros —y tanto más para aquellos que, como uno de los autores (OPL), provienen de esos antiguos mexicanos abandonados a su suerte— héroes nacionales anónimos. Por todo ello, nosotros les dedicamos esta publicación con toda humildad y profunda admiración, y les hacemos llegar un saludo fraternal que durará para siempre.

Los autores

Irapuato, enero de 2006

PRÓLOGO

MESOAMÉRICA ha sido el origen y centro de diversidad genética de algunos de los cultivos alimentarios más importantes para la humanidad. Basta sólo con mencionar granos como el maíz y el frijol, otros cultivos como el tomate, el chile, la calabaza, el amaranto, el cacao, la vainilla, diferentes cactáceas y diversos alimentos preparados a base de insectos y hongos comestibles, para dar cuenta de sólo una muestra de la riqueza alimentaria y nutracéutica que nuestra región ha aportado al mundo.

En *Los alimentos mágicos de las culturas indígenas mesoamericanas* hacemos un recorrido por todo el llamado cuerno de la abundancia en el que nuestros antepasados encontraron regalos mágicos de los dioses, que sirvieron de base para el desarrollo y florecimiento de las grandes civilizaciones de México y la región mesoamericana, y que posteriormente se han convertido en fuente y legado alimentario para nuestra región y para el resto del planeta.

Nuestro viaje incluirá una panorámica general de la importancia de cada cultivo o alimento en el ámbito global y nacional, pasando por un análisis de la diversidad genética y su distribución, y de los factores que han hecho mella en la misma a raíz de la erosión genética, urbanización y crecimiento demográfico acelerados, entre otros. Daremos un paseo por la composición fisicoquímica y características funcionales de los alimentos, que son la base del uso que se les ha dado y de su efecto sobre la nutrición y salud humanas. Pondremos especial atención a los componentes alimentarios específicos responsables de que estos alimentos tengan un resultado nutracéutico, es decir, no sólo la capacidad de nutrir y satisfacer requerimientos de calorías y micronutrimentos, sino también de prevenir y en ocasiones hasta de curar enfermedades en el ser humano. Para cada cultivo y alimento veremos un panorama de los procesos tecnológicos relevantes en su aprovechamiento, así como los retos científicos y tecnológicos que habrá que vencer para preservar y aprovechar racional e integralmente dichos recursos.

Hacia el final del viaje, tendremos la oportunidad de vislumbrar el papel que los alimentos mágicos de las culturas mesoamericanas están desempeñando en problemáticas globales tan actuales y contrastantes como la desnutrición y la obesidad, la creciente necesidad mundial de alimentos, las soluciones que la ingeniería genética y las ciencias genómicas ofrecen, la bioseguridad y la resistencia de la población a la aceptación de los alimentos diseñados por la biotecnología moderna.

Los alimentos mágicos de las culturas indígenas mesoamericanas está dirigido a la gente que no es experta en los temas descritos, con la mejor intención de darle a conocer la información científica y tecnológica usando los tecnicismos de la manera más accesible y amigable posible. También, los estudiantes de bachillerato, licenciatura y posgrado encontrarán una fuente accesible y actualizada de información, que les servirá como referencia y base para una lectura adicional especializada. Lo anterior está estrechamente ligado a la necesidad de crear conciencia para la preservación y uso inteligentes de estos legados mágicos de nuestros antepasados.

I. Introducción

I.1 Los alimentos y bebidas mesoamericanas

Remontarnos a la época anterior a la llegada de los españoles a Mesoamérica tiene sin duda su magia y misterio. Sin embargo, un aspecto que tuvo y sigue teniendo especial importancia son los alimentos y bebidas que se producían y consumían; toda una riqueza culinaria y nutricional que en cierta medida se sigue manteniendo gracias a que sólo en esta parte del mundo se pueden obtener las materias primas para su elaboración, pero sobre todo la forma de preparar y conservar los alimentos es lo que ha dado el toque único gastronómico.

Hasta la fecha no está completamente claro cómo fue el desarrollo o descubrimiento de ellos, como es el caso de la nixtamalización, entre otros. Como se menciona líneas arriba, muchos de los alimentos y bebidas legados por nuestros antepasados fueron posibles gracias a las materias primas autóctonas de nuestra región, producto de todo un abanico de climas y accidentes orográficos que generan una de las biodiversidades más ricas del planeta.

Esa riqueza gastronómica en la actualidad ha rebasado nuestras fronteras. Materias primas como el huitlacoche —que no era utilizado y que en otras latitudes del mundo era considerado un daño a los cultivos de maíz, pero que los antiguos pobladores de Mesoamérica pudieron aprovechar y consumir— hoy en día son un componente de la alta cocina en lugares selectos del mundo.

Bebidas como el pulque —del cual no se sabe quién desarrolló la tecnología para producirlo, pero que los aztecas lo consideraban la bebida de los dioses y era utilizado en ceremonias religiosas y festividades— sigue siendo un producto de tipo popular en ciertas regiones, aunque su triste desaparición parece inminente; en cualquier caso, el consumo de este alimento en las comunidades rurales ha estado asociado con un buen estado de salud y como ayuda en el tratamiento de diversas enfermedades.

Pues bien, en este libro trataremos de introducir al lector en algunos de los muchos alimentos tradicionales indígenas de Mesoamérica, destacando sus aspectos nutricionales y nutracéuticos, características altamente relevantes en la actualidad.

I.2 Los problemas de la nutrición actual

La nutrición siempre ha estado ligada al desarrollo de las culturas y los pueblos; una mala nutrición genera necesariamente subdesarrollo. Las sociedades primero tienen que satisfacer las necesidades más básicas para emplearse adecuadamente en actividades productivas. Se pensaría que en pleno siglo XXI no deberían existir problemas de nutrición gracias a los grandes avances tecnológicos actuales; esta suposición está muy lejos de la realidad.

En términos generales se pueden considerar los problemas de nutrición desde dos puntos de vista: en primer lugar, las sociedades que no cuentan con los recursos económicos o agronómicos o climáticos no tienen alimentos para satisfacer una alimentación adecuada. Por otro lado, las sociedades que cuentan con la riqueza económica y en diversos casos también con los recursos naturales, pero que debido a los avances tecnológicos consumen gran cantidad de alimentos considerados como "basura", presentan frecuentemente problemas de obesidad y mala nutrición. Por eso una de las tendencias actuales es regresar a los alimentos mínimamente procesados, o sea, alimentos que conserven sus características "naturales". Se estima también que en virtud de que los primeros pobladores del planeta tenían que recorrer grandes distancias y efectuar esfuerzos importantes para satisfacer sus necesidades alimenticias, se llevó a cabo una adaptación genética en sus organismos que les permitía almacenar nutrientes y calorías para las épocas de escasez. Esta misma adaptación genética ha generado en los seres humanos actuales —a los que la dieta de hoy en buena proporción les suministra excesos calóricos— una tendencia sobresaliente a la obesidad.

El desarrollo tecnológico y el ritmo acelerado de vida han hecho que cada vez más se recurra a los alimentos industrializados, mismos en los que se ha minimizado la importancia nutricional, nutracéutica y calórica, lo que ha venido a ocasionar un buen número de malestares e incluso enfermedades. Por todo ello la alimentación del siglo xxi tiene que seguir patrones diferentes; tiene que nutrir y suministrar ingredientes nutracéuticos, y con los avances científicos de este siglo las dietas habrán de estar planeadas a la medida de las características genómicas de cada individuo.

I.3 Las plantas que nutren y curan

Debido a la gran biodiversidad de la región mesoamericana, hay una cantidad notable de plantas que han sido tradicionalmente utilizadas para su consumo como alimento y para la prevención o cura de ciertas enfermedades. Muchas de estas plantas autóctonas no han sido estudiadas y sólo se sabe, por la transmisión de conocimiento de una generación a otra, de su poder nutricional o curativo, lo cual ha contribuido a que no se tenga un mejor aprovechamiento o aplicación de dichos materiales.

Plantas como el nopal y su tuna, el frijol criollo y silvestre, el grano de amaranto y su planta o productos derivados de ellas, abren un panorama amplio de estudio desde varias vertientes, como son las tecnologías para la elaboración de alimentos mínimamente procesados y que puedan tener una vida media o de almacenamiento más prolongada, con la idea de poder expandir su mercado de consumo. Y en general, el desarrollo y adaptación de tecnologías para la preservación y uso racional de estos recursos alimenticios y medicinales son algunos de los imperativos de la sociedad de hoy y mañana.

I.4 LA EPIDEMIA DEL SIGLO XXI: LA OBESIDAD

Si se consultan las estadísticas de los países económicamente desarrollados, se podrá observar que uno de los problemas actuales es el sobrepeso y la obesidad, términos que no deben de confundirse o tomarse como sinónimos, ya que el sobrepeso precede a la obesidad. Ésta obedece por un lado a factores genéticos —puesto que hay razas de personas que tienen mayor propensión a este problema—, pero, por otro lado, la causa también radica en los hábitos alimenticios y en el sedentarismo característico de la sociedad actual.

La industrialización y comercialización masiva de alimentos y bebidas pobres en nutrientes, pero ricos en azúcares y ácidos grasos poco deseables y de fácil digestibilidad, están dando como resultado en forma alarmante una sociedad de obesos. Hasta hace pocos años este comportamiento correspondía casi exclusivamente a los países ricos. En la actualidad el fenómeno se extiende y acrecienta también en los países con menor bienestar social; y México y América Latina no son la excepción. Se sabe que más de la tercera parte de los niños en la República Popular China tiene sobrepeso u obesidad.

En México se deben tomar medidas importantes en diversos actores de la sociedad, incluyendo el sector industrial, para por lo menos atenuar el problema de obesidad. En países como Estados Unidos la tendencia indeseable previa es alarmante y se debe al ritmo acelerado de vida, y a los patrones equivocados de una industria alimentaria que genera crecientemente productos muy atractivos en términos de sabor y otras características sensoriales, pero ricos en carbohidratos y grasas poco recomendables; industria muy exitosa comercialmente pero socialmente poco responsable. Y estos patrones se han extendido al resto del mundo.

Como se menciona al inicio de esta sección, la obesidad es la epidemia del siglo XXI ya que muchas personas fallecen por las complicaciones o problemas generados por ésta. La obesidad trae consigo problemas cardiovasculares debido a que con una mayor masa corporal, el corazón necesita bombear mayor cantidad de sangre y se sobrepasa su capacidad.

Además de la acumulación de grasa en los tejidos y en el torrente sanguíneo, lo que hace que se deposite grasa en las arterias provocando la formación de coágulos o trombos que ocasionan la muerte, la obesidad también puede aumentar la presión arterial y muchos de los decesos se deben a este problema, sin dejar de lado los estados depresivos y de subestima en los que caen las personas obesas. Los sistemas de salud pública gastan anualmente mayores recursos económicos para combatir los efectos de los problemas generados por la obesidad que por otras enfermedades.

Es necesario tener una sociedad más informada y consciente para recurrir a dietas más apropiadas y al ejercicio diario. La industria alimentaria debe cambiar las características de los alimentos y bebidas y establecer compromisos con su sociedad.

Se deben emplear más frecuentemente productos derivados de plantas que además de nutrir tengan la función de curar, sobre todo porque muchos de ellos aportan bajos contenidos de calorías y porque tienen niveles y características proteínicas adecuadas, entre otras, por lo que no es necesario recurrir tan asiduamente a proteínas de origen animal, especialmente aquellas provenientes de carnes rojas, que colateralmente aportan grasas de su mismo origen que resultan en problemas de colesterol sanguíneo, entre otros.

La tradición de muchas de nuestras comunidades de consumir alimentos autóctonos también está siendo influida por el mundo globalizado en que estamos inmersos; así, cada día es más frecuente el consumo de alimentos "basura", que además de no nutrir ocasionan los efectos señalados antes. Por ello recobra especial importancia el redescubrimiento de los alimentos nutricionales y nutracéuticos que emplearon nuestros antepasados mesoamericanos para preservarlos e insertarlos, y también reinsertarlos, en la dieta actual.

II. Maíz

Las pruebas arqueológicas indican que el maíz existió en América en forma silvestre hace 8 000 años. Dos mil años después este cereal desempeñaba un papel vital en el desarrollo de las grandes civilizaciones que se establecieron en Mesoamérica, particularmente la nahua y la maya; en primer lugar, por la decisión de utilizar la cal para cocer el grano, lo cual incrementó el aporte nutritivo del maíz en su alimentación; en segundo lugar, por la importancia de este cultivo en términos de las calorías aportadas a la dieta.

Uno de los productos de la nixtamalización fue llamado *tlaxcalli* por los aztecas y tortilla por los españoles. La tecnología utilizada en México y Centroamérica para producir la tortilla ha sido transmitida de generación en generación. Hoy en día muchas de las tortillas se producen empleando la antigua técnica azteca; el maíz es cocido con cal para producir el nixtamal, después del remojo, que por lo general dura toda la noche, el grano es lavado para retirar la capa externa o pericarpio y luego es molido en un metate para producir la masa. Porciones pequeñas de masa se transforman en discos delgados de aproximadamente 20 centímetros de diámetro y se cuecen sobre un comal.

Por otro lado, es indiscutible el papel que el maíz, junto con el frijol, ha representado en la historia de Mesoamérica. La tortilla ha sido el principal alimento en la dieta del pueblo mexicano y base de su supervivencia y desarrollo por más de 3 500 años. En la actualidad la dieta de la población sigue siendo dependiente de la tortilla y del frijol, los cuales producen una complementación nutrimental extraordinaria que será descrita en detalle en un capítulo aparte más adelante. En las zonas rurales de México la tortilla representa por lo menos el 65% del total de los alimentos consumidos.

En varios países de América Latina la situación no ha sido diferente; en Centroamérica, por ejemplo, el maíz representa no menos del

72 % del total de los alimentos básicos. Lo anterior da una imagen clara de la importancia que el maíz ha tenido en la alimentación a través de la historia de diferentes pueblos, en particular en épocas cuando la oferta de otros productos alimenticios ha sido escasa o quizá nula. Uno de los grandes avances de la tecnología de la nixtamalización ha sido sin duda la producción de harinas de maíz nixtamalizado. Este tipo de productos abrió la posibilidad no sólo de aumentar la vida de anaquel de la masa sino de incidir en los mercados internacionales. Los diferentes platillos que se preparan a partir de la masa y de la harina de masa se han vuelto muy populares en América y en algunos lugares de Europa; por ejemplo, las dos botanas nixtamalizadas por excelencia, los totopos y las tostadas, están colocadas en el segundo lugar en ventas en el mundo después de las papas fritas. Una de las grandes empresas productoras de harina de maíz en México mantiene 18 grandes fábricas en los Estados Unidos y controla el 75 % del mercado.

Para dar una idea de la importancia económica que estos productos representan, tan sólo en los Estados Unidos las ventas anuales sobrepasaron los 4 300 millones de dólares. Sin duda este auge se inició con la introducción, por parte de los antiguos mexicanos de esa zona y de los migrantes procedentes de la región mesoamericana, de la tortilla y los productos derivados de la masa; y el potencial de expansión es promisorio, ya que se han establecido fabricas en Australia, India, China y Corea, entre otros países.

El presente capítulo tiene como objetivo hacer un análisis simplificado del conocimiento que se tiene sobre el origen del maíz y la gran variedad de razas que existe. Asimismo, se revisa la composición química y las características nutrimentales del grano y el efecto que la nixtamalización tiene sobre estas propiedades. Se discute el esfuerzo que se ha puesto para aumentar el valor nutrimental de la tortilla, y se presentan algunas consideraciones importantes relacionadas con la generación de nuevos y mejores materiales de maíz, el problema del agua en el proceso de nixtamalización y algunos aspectos de salud y bioseguridad relacionados con la tortilla y el maíz. Y especialmente, se trata aquí de ampliar el conocimiento sobre una de las tecnologías más simples y que simultáneamente genera uno de los alimentos mágicos que cada vez cautivan más nuestro paladar y nuestra inteligencia: la nixtamalización.

II.2 ORIGEN

Se cree, con base en los descubrimientos arqueológicos, que el maíz (*Zea mays* L.) se originó durante el periodo de la invención de la agricultura en el Nuevo Mundo, lo cual aconteció aproximadamente 10 000 años a.C. La capacidad creativa que el antiguo hombre necesitó para transformar al teocintle (*Zea mexicana* L.), presumible antepasado de este cereal, en la mazorca de maíz que consumía, ha generado mucha polémica sobre todo porque el proceso de transformación no tomó más que unos cientos de años.

Los siguientes datos apoyan la hipótesis del papel que probablemente tuvo el hombre en el proceso de la domesticación del maíz: *1)* El maíz es más joven que el teocintle; *2)* las características taxonómicas que separan al maíz del teocintle son de carácter agronómico más que de adaptación al medio ambiente; *3)* los vestigios de maíz descubiertos más antiguos son materiales domesticados no silvestres; *4)* antes de la aparición del maíz, el teocintle pudo haber sido un alimento de uso común; y *5)* las relaciones de parentesco que han sido dilucidadas recientemente con la ayuda de patrones específicos de ADN (ácido desoxirribonucleico) existentes entre el maíz y el teocintle actuales.

Sin embargo, hay quienes piensan que el maíz no proviene del teocintle, sino que es el resultado de la domesticación de un maíz silvestre, con base en el descubrimiento de olotes en Tehuacán, Puebla, con una antigüedad de 7 000 años.

Los datos sugieren dos procesos independientes de domesticación del teocintle: por un lado, el teocintle tipo Balsas, que aparentemente fue domesticado en Oaxaca, y por el otro, el teocintle tipo Chalco, cuyo origen se ubica en el Valle de México. Lo anterior tiene como base diversos estudios morfológicos que se han llevado a cabo con granos y mazorcas de las antiguas razas de maíz provenientes de restos arqueológicos de México, así como estudios recientes de parentesco usando marcadores moleculares de ADN.

II.3 RAZAS

Alrededor del año 1942 se dijo que la variabilidad del maíz era comparable con la del género humano, por lo que se propuso el uso de una clasificación racial basada hasta donde fuera posible en el conocimiento de las relaciones naturales entre la gran variabilidad de maíz existente. La palabra raza en este contexto debe entenderse como

conjunto de individuos con el número suficiente de características comunes que permitan su identificación como grupo.

En una serie de publicaciones posteriores se describieron los caracteres morfológicos por medio de los cuales se podían identificar las razas de maíz. Desde este tiempo a la fecha, mucho es lo que se ha progresado con relación a la clasificación del gran número de razas del maíz. Como resultado, se han agrupado los materiales de maíz de México en tres grupos raciales bien definidos.

Los grupos de razas están perfectamente separados desde el punto de vista morfológico. Asimismo, dentro de cada uno de estos grupos hay subgrupos de razas que están mucho más relacionadas entre sí, inclusive dentro de su mismo grupo. Las mazorcas largas y delgadas son típicas de las razas Chapalote, Reventador, Harinoso de Ocho y Tabloncillo (Grupo I). Los maíces que se localizan a elevaciones relativamente altas de México como las razas Cónico, Cónico Norteño, Chalqueño, Arrocillo Amarillo y Palomero Toluqueño presentan mazorcas cónicas con granos puntiagudos (Grupo II).

La raza Pepitilla aparentemente está relacionada con estas últimas razas; sin embargo, presenta características de maíces de altitudes más bajas por lo cual ha sido separada como un grupo aparte. La raza Cacahuacintle se diferencia del resto del grupo principalmente por sus granos largos y harinosos. La raza Palomero Toluqueño es el ancestro de cuando menos seis líneas de maíz y de varias líneas de maíces palomeros de los Andes. El resto de las razas caen dentro de diferentes características morfológicas como las de mazorca larga (Jala y Olotón) o las de mazorca pequeña como Zapalote Chico, Bolita y Nal Tel (Grupo III). Esto pone de manifiesto que existe una gran variación en el tamaño, color y forma de la mazorca y del grano de maíz.

II.4 Consumo y producción

El maíz ha sido la base de la alimentación de las culturas mesoamericanas desde tiempos prehispánicos. Actualmente es la principal fuente de calorías y proteínas para los habitantes de las zonas rurales que representan los estratos sociales más pobres. En las zonas urbanas, el patrón de consumo ha cambiado en cierto grado en parte por la disponibilidad de mayores recursos económicos y en parte por la oferta de otros productos alimenticios. El maíz se consume en mayor cantidad en las regiones centro y sur de México que en la región norte del país. Es cada vez más visible que hay sectores sociales cuyo consumo de tortilla y otros productos alimenticios a base de maíz tiende a disminuir. En cualquier caso, el promedio diario individual de tortillas es alrededor de 350 gramos.

México es uno de los principales productores de maíz en el mundo; ocupa un distante cuarto lugar después de los Estados Unidos, China y Brasil. Y es uno de los principales países importadores del mismo. La producción de los principales granos básicos (maíz, frijol, trigo, arroz) en México ha oscilado en los últimos 10 años de 23 a 25 millones de toneladas anuales, y el propio maíz de 18 a 21 millones de toneladas en el mismo periodo.

Los principales estados productores de maíz son Jalisco, Sinaloa, Chiapas y el Estado de México; y las zonas productoras utilizan desde la más alta tecnología, como es el caso de Sinaloa, hasta las zonas rurales más pobres y aisladas que emplean procedimientos productivos que se asemejan más a los inicios milenarios de la agricultura que a las condiciones actuales; consecuentemente los rendimientos por unidad de área son altamente variables. Cada vez está más claro que, dadas las difíciles condiciones por las que pasa la agricultura del país y el crecimiento de la población, se está generando, y continuará haciéndolo en el futuro previsible, la necesidad de recurrir a importaciones crecientes de este grano fundamental para satisfacer la demanda interna.

El maíz se emplea principalmente para consumo humano directo de los mexicanos, y en forma creciente para el sector pecuario y para la producción de almidón y aceite.

II.5 Estructura del grano

Desde el punto de vista estructural, el grano maduro o cariópside del maíz está formado de cuatro partes principales (figura II.1): *1)* el pericarpio, que es una capa de células fibrosas que comprende el 5% del peso del grano y que está cubierta por la cutícula. La cutícula, a su vez, es una capa impermeable cerosa que recubre al grano; *2)* el endospermo, que comprende aproximadamente el 83% del peso del grano, presenta un alto contenido de almidón y es el segundo tejido de reserva; la capa exterior del endospermo o capa de aleurona

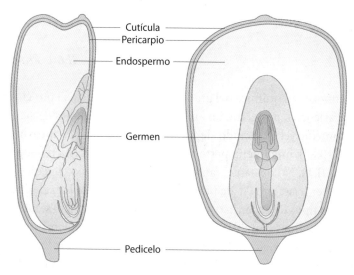

Cutícula
Pericarpio
Endospermo
Germen
Pedicelo

FIGURA II.1. *Principales partes estructurales del grano de maíz*

contiene células con gránulos ricos en proteína y minerales así como pigmentos que hacen que los granos de ciertas variedades presenten un color azul, negro o púrpura. El endospermo se ha clasificado en vítreo y ceroso y puede presentar una consistencia suave o harinosa; los gránulos de almidón de sus células, que tienen una forma elipsoidal y angular (poligonales, hexagonales), están recubiertos por una matriz proteínica con pequeños cuerpos de la misma naturaleza incrustados en la superficie. El endospermo en la parte inferior del grano, a los lados del germen, también presenta dos zonas ricas en proteínas que contienen además pequeños gránulos de almidón. *3)* El germen, que representa el 11% del peso del grano maduro, es considerado el primer tejido de reserva ya que almacena gran cantidad de nutrientes que son utilizados durante la germinación, además de contener la mayoría de los lípidos. Es precisamente en el germen en donde se origina el tallo o plúmula y las raíces o radícula; *4)* el pedicelo o capa terminal es la continuación del pericarpio y permite la unión del grano con el olote, pero ocasionalmente se pierde durante el desgrane.

II.6 Composición química
y características nutrimentales

II.6.1 Proteínas

La composición química del grano de maíz se ve afectada por el genotipo (variedad), por el medio ambiente y las condiciones de siembra. En promedio, el contenido de proteína del maíz es de aproximadamente 10% y una buena parte se encuentra en el germen del grano (cuadro II.1). No obstante, tanto el endospermo como el pedicelo llegan a tener hasta un 9% de proteína. Las proteínas se han clasificado en cuatro tipos de acuerdo con su solubilidad: albúminas (solubles en agua), globulinas (solubles en soluciones de sales), prolaminas (solubles en soluciones alcohólicas) y glutelinas (solubles en soluciones alcalinas o ácidas diluidas). En el maíz, las prolaminas se encuentran principalmente en el endospermo y han recibido el nombre de zeínas,

CUADRO II.1. *Composición química del grano de maíz y sus fracciones, y distribución de los tipos de proteína presentes en el grano*

	Grano completo	Endospermo	Germen	Pericarpio	Pedicelo
Composición química (porcentaje)					
Proteína	10.3	9.4	18.8	3.7	9.1
Lípidos	4.8	0.8	34.5	1.0	3.8
Azúcares	2.0	0.6	10.8	0.3	1.6
Cenizas	1.4	0.3	10.1	0.8	1.6
Almidón	71.5	86.4	8.2	7.3	5.3

Distribución proteínica (porcentaje)[a]

	A	B	C	D	E	F		
Albúminas	8.0	8.3	4.0	4.3	30.0	33.3	—	—
Globulinas	9.0	9.4	4.0	4.3	30.0	33.3	—	—
Prolaminas (zeínas)	39.0	40.6	47.0	50.0	5.0	5.6	—	—
Glutelinas	40.0	41.7	39.0	41.4	25.0	27.8	—	—

[a] Las columnas A, C y E no alcanzan 100% por las proteínas insolubles; en las columnas B, D y F se ha hecho un ajuste para alcanzar el 100%. Fracciones proteínicas en A y B: grano completo; C y D: endospermo; E y F: germen.

mientras que las glutelinas se encuentran en la matriz proteínica de esta misma estructura. Ambas proteínas constituyen cerca del 90% del total de las proteínas presentes en el grano completo. Por el contrario, las proteínas del germen son casi en su totalidad albúminas y globulinas (cuadro II.1).

La calidad nutrimental del maíz está definida en buena medida por la calidad de sus proteínas y ésta, a su vez, la establece el contenido de los llamados aminoácidos esenciales (cuadro II.2). Es importante indicar que estos aminoácidos no pueden ser sintetizados por el ser humano, por lo que deben estar presentes en su dieta en cantidades recomendadas por organismos de salud tales como la Organización de las Naciones Unidas para la Agricultura y la Alimentación (FAO, por sus siglas en inglés) y por la Organización Mundial de la Salud (OMS). Con el fin de conocer la calidad de las proteínas del maíz se

CUADRO II.2. *Aminoácidos y ácidos grasos esenciales*

Aminoácidos	Ácidos grasos
Isoleucina	Ácido linoleico
Leucina	Ácido linolénico
Lisina ⎫ Azufrados	
Metionina ⎭	
Cisteína ⎫	
Fenilalanina ⎬ Aromáticos	
Tirosina ⎭	
Triptófano	
Treonina	
Valina	
Arginina	
Histidina	

ha determinado el patrón de aminoácidos esenciales; como resultado, se ha encontrado que tanto la zeína como la glutelina son deficientes en lisina y triptófano. De hecho, la zeína no contiene este último aminoácido. Otro aspecto sobresaliente de la calidad de la proteína del maíz es su alto contenido de leucina pero bajo contenido de isoleucina. Este desbalance provoca que el valor biológico de la proteína disminuya. Es pertinente aclarar que el valor biológico de una proteína se determina midiendo el nitrógeno absorbido (nitrógeno ingerido – nitrógeno excretado en heces) dividido entre el nitrógeno retenido (nitrógeno ingerido – nitrógeno excretado en heces y orina).

II.6.2 Lípidos

El contenido de lípidos del grano de maíz es de alrededor de 5% y está contenido principalmente en el germen del grano (cuadro II.1). Se

CUADRO II.3. *Compuestos con actividad biológica asociados a los lípidos*

1.	Ácidos grasos poliinsaturados de cadena larga
2.	Ácido linoleico, solo y conjugado
3.	Ácido gama-linolénico
4.	Ácido alfa-linolénico
5.	Ácidos grasos omega-3
6.	Tocoferoles y tocotrienoles (vitamina E)
7.	Esteroles
8.	Escualeno
9.	Fosfolípidos

ha encontrado que el aceite de maíz, como la mayoría de los aceites de origen vegetal, contiene bajos niveles de grasas saturadas, las cuales se han relacionado desde un punto de vista epidemiológico con problemas cardiovasculares. El contenido de los ácidos grasos saturados, como el palmítico y el esteárico, es relativamente bajo en comparación con los ácidos grasos no saturados, como el oleico y linoleico, los cuales representan la mayoría del total de los lípidos contenidos en el grano de maíz. Cabe mencionar que el ácido linoleico es uno de los ácidos grasos esenciales en la nutrición humana (cuadro II.2), y forma parte de un grupo de compuestos bioactivos asociados a los lípidos (cuadro II.3), todos ellos asociados a nutrición y salud, y varios de los cuales se encuentran en niveles variables en el maíz.

II.6.3 Vitaminas

El maíz amarillo principalmente contiene dos vitaminas solubles en grasa, β-caroteno o provitamina A y α-tocoferol o vitamina E, y la mayoría de las vitaminas solubles en agua. Como veremos más adelante (por ejemplo, pp. 40 y *ss.*), el maíz amarillo es una fuente razonablemente buena de provitamina A; sin embargo, ésta se pierde paulatinamente con un almacenamiento prolongado. Por otro lado, el contenido de niacina en el grano de maíz es muy alto en comparación con los requerimientos mínimos, pero no está presente en forma disponible para ser asimilado por el cuerpo humano.

II.6.4 Minerales

El 78% de los minerales están contenidos en el germen del grano probablemente porque son esenciales durante el crecimiento del embrión. De todos los minerales, el componente inorgánico más abundante es el fósforo. Está presente principalmente en las sales de potasio y magnesio del ácido fítico. Este compuesto, que llega a representar hasta el 1% del peso del grano, interfiere en la absorción intestinal de muchos minerales esenciales. El azufre, que es el cuarto elemento más abundante en el grano, está contenido en forma orgánica como parte de los aminoácidos metionina y cisteína. El contenido de algunos minerales es muy variable dependiendo de los tipos de maíz; por ejemplo, existen materiales de maíz que contienen únicamente 0.1 miligramos/100 gramos de hierro mientras que otros llegan a tener hasta 10 miligramos/100 gramos. Consumir 250 gramos de un maíz que contenga altos contenidos de hierro, a pesar de las posibles pérdidas que se presentan durante la nixtamalización y de los efectos inhibitorios del ácido fítico sobre su biodisponibilidad, podría cubrir el 50% de los requerimientos mínimos diarios de este mineral. Otro micronutriente de mucho interés para la salud humana es el zinc, el cual está presente en niveles bajos en el grano en comparación con los requerimientos mínimos diarios.

II.6.5 Almidón

Con relación al almidón, el grano maduro del maíz presenta en promedio un 72% y prácticamente todo está presente en las células del endospermo (cuadro II.1, p. 23). En un maíz normal, el gránulo de almidón contiene aproximadamente 27% de amilosa y 73% de amilopectina. La amilosa es una molécula esencialmente lineal formada aproximadamente por 1000 unidades de glucosa. La amilopectina, por otro lado, es una molécula ramificada que posee aproximadamente 40000 o más unidades de glucosa.

II.7 La nixtamalización y la producción de tortilla

II.7.1 Origen de la nixtamalización

Las grandes revoluciones agrícolas que han ocurrido durante los pasados 10000 años han estado asociadas con el origen de grandes civilizaciones y han tenido que ver con un cultivo en particular. El trigo y otros cereales pequeños fueron primeramente domesticados en el Oriente Medio, el arroz en Asia Oriental y el maíz en el Hemisferio Occidental. Estos cambios, que señalan el principio de una dependencia en los cereales, han tenido un profundo efecto en el curso evolutivo del hombre moderno. El maíz era tan importante para las culturas prehispánicas de esta región que los aztecas adoraban a los dioses del maíz Centeotl y Chicomecoatl, que representaban el bienestar de la población, mientras que los mayas adoraban al dios del maíz y de la vegetación llamado Yum Kaax. El maíz en América del Sur también se vio involucrado en el origen de la civilización andina, aunque su papel no fue tan sobresaliente como lo fue en Mesoamérica.

Cada una de las plantas domesticadas en los diferentes sitios geográficos tuvo sus limitaciones nutrimentales, y el maíz no fue la excepción, especialmente en términos de la calidad de sus proteínas. De hecho, a menos que el maíz se prepare bajo ciertas condiciones, su valor nutrimental en una dieta será marginal. Por lo tanto, cualquier población humana que intentara depender del maíz como su alimento principal sufriría de cierto grado de desnutrición. Las sociedades que no incluyeron la técnica de la cocción del maíz tampoco utilizaron compuestos como la cal o la ceniza de madera, por lo que tuvieron que adoptar modelos de nutrición que incluyeran suplementos al consumo del maíz.

Con base en lo anterior, se ha planteado la hipótesis de que las sociedades que tenían al maíz como su principal alimento también utilizaban la técnica de la cocción alcalina. Para confirmar esta hipótesis y establecer el origen de este proceso, se ha estudiado la información existente de 51 sociedades que vivieron en América.

Se encontró que de las 27 sociedades que estaban establecidas en los Estados Unidos, 14 utilizaban el tratamiento alcalino. Sin embargo, sólo los indios tewa y zuñi, ubicados en el sudoeste de este país, utilizaban al maíz como su principal alimento. Asimismo, encontraron que estas dos sociedades sembraban este cereal en forma intensiva. Por otro lado, de las 18 sociedades estudiadas en América del Sur únicamente los indios páez, ubicados en Colombia, sembraban intensamente el maíz. Sin embargo, este cereal no era la base de su alimentación, ya que aparentemente la complementaban con la recolección y la caza.

La evidencia arqueológica favorece el hecho de que el maíz fue introducido a Colombia desde Mesoamérica. De esta forma, la cocción alcalina pudo haber sido introducida junto con el cultivo. La evidencia también sugiere que tanto el maíz como la cocción alcalina fueron introducidos a las sociedades establecidas en el sur de los Estados Unidos, como la de los indios hopi, por ejemplo. Un factor que soporta estas hipótesis se basa en que tanto los pueblos de América del Norte como los indios páez en Colombia utilizaban las cenizas de madera para cocer el maíz, mientras que la cal era utilizada por las seis sociedades establecidas en México que fueron incluidas en dicho estudio.

El hecho de que la cal se haya utilizado predominantemente en Mesoamérica, y sólo esporádicamente en el sur de los Estados Unidos, favorece la localización del origen de la nixtamalización. En resumen, todo señala que este proceso se originó entre las principales sociedades asentadas en México y que tanto el maíz como la cocción del grano se introdujeron posteriormente al resto del continente.

No se sabe con certeza cómo ni por qué este tipo de proceso fue seleccionado por las civilizaciones nahua y maya; no obstante, los cambios físicos, químicos y nutrimentales que tienen lugar ofrecen varias explicaciones posibles.

Es probable que el proceso haya sido seleccionado por prueba y error; por ejemplo, indudablemente tenían a su disposición el fuego y probablemente lo usaban para suavizar el grano. El tostado del grano en los comales debió haberles mostrado que provocaba la separación parcial de la cutícula y la presencia de ceniza en el comal pudo llevarlos a utilizarla eventualmente. De esta forma las cenizas o la cal pudieron haberse utilizado primero para ayudar a retirar esta estructura y luego para darle mejor consistencia al grano. Por otro lado, la selección del proceso pudo basarse en la aparición y desaparición de trastornos fisiológicos, como la pelagra, ocasionada por la deficiencia de niacina, por ejemplo.

II.7.2 El proceso de la nixtamalización: Calidad y usos

El proceso de la nixtamalización —del náhuatl *nixtli* = cenizas, y *tamalli* = masa— se ha transmitido de generación en generación en Mesoamérica. En México todavía se utiliza esta técnica como en los tiempos de los aztecas; el maíz nixtamalizado era molido en un metate para producir la masa que era utilizada para formar a mano discos que luego eran cocidos en un comal de barro. El producto resultante era llamado *tlaxcalli* por los aztecas y posteriormente fue nombrado tortilla por los españoles.

En la actualidad, el proceso tradicional de la nixtamalización se inicia con la adición de dos partes de una solución de cal al 1% aproximadamente a una parte de maíz (figura II.2). Esta preparación se cuece por 50-90 minutos. Enseguida el maíz se deja remojando en el agua de cocción por 14-18 horas. Posterior al remojo, el agua de cocción, conocida como nejayote, se desecha y el maíz se lava dos o tres veces con agua sin retirar el pericarpio ni el germen del maíz.

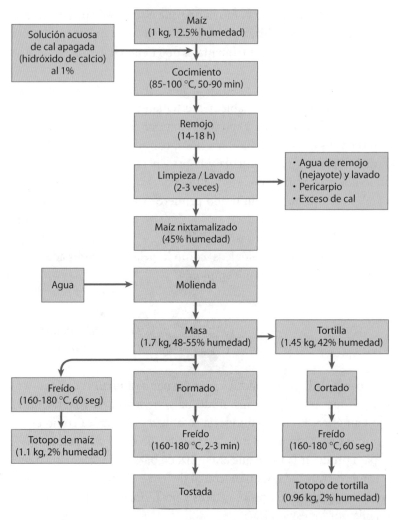

FIGURA II.2. *Proceso típico de nixtamalización para producir tortillas y otros derivados de la masa*

El producto resultante de la cocción es el llamado maíz nixtamalizado o nixtamal, que llega a tener hasta un 45% de humedad. El nixtamal posteriormente es molido para producir una pasta conocida como masa. Es importante indicar que el proceso de molienda requiere la adición de agua y que la masa llega a tener de un 48 a un 55% de humedad. Finalmente el disco de masa de aproximadamente 20 centímetros de diámetro se cuece permitiendo que un lado de la tortilla esté en contacto con el calor por 30-45 segundos, se voltea para cocer el otro lado por 1 minuto y otra vez el lado inicial por otros 30 segundos para completar la cocción.

La masa es también la materia básica para la preparación de totopos de maíz o fritos, tostadas o totopos de tortilla. Los totopos de maíz se obtienen friendo la masa directamente, mientras que los de tortilla se obtienen precisamente cuando la tortilla cortada se somete al proceso de freído. Los totopos de tortilla absorben mucho más aceite (36%) que los totopos de maíz (24%) y por consiguiente aportan mayor cantidad de calorías.

Las propiedades sensoriales y funcionales de todos los productos derivados de la masa son de suma importancia. Por ejemplo, uno de los aspectos de mayor relevancia con relación a las características de estos productos, es el tipo de grano. En general, la tortilla preparada a partir de maíz blanco tiene mayor aceptación. Los totopos y tostadas pueden prepararse utilizando maíz amarillo o blanco. Otros factores que afectan negativamente la calidad del producto final son los agentes que deterioran al maíz, como roedores, daño microbiano o el tiempo de almacén.

El endospermo es una estructura que está muy relacionada con la calidad de la tortilla. Por ejemplo, variedades con endospermo vítreo o no harinoso requieren tiempos de cocción mayores que los maíces con endospermo tipo harinoso. El contenido de humedad de la masa también es un factor importante en la calidad de la tortilla. El contenido de humedad óptimo para producir tortillas de alta calidad y buena vida de anaquel varía según la línea de maíz; aparentemente los mejores resultados en este sentido se obtienen cuando la masa presenta alrededor del 50-55% de humedad. Una característica importante en la calidad de ciertos productos derivados del maíz es que el pericarpio sea fácilmente removible.

La nixtamalización no sólo ha servido para producir tortillas. La masa, el maíz nixtamalizado y las tortillas, obviamente, se han usado también para preparar un gran número de platillos. Éstos se han vuelto muy populares en México y en otros países de América y Europa. Como se mencionó en la página 17, las dos botanas nixtamalizadas por excelencia, los totopos y las tostadas, están colocadas en el segundo lugar en ventas en el mundo después de las papas fritas. Estos productos representan un gran ingreso económico en los Estados Unidos.

Con relación a otros productos, los nachos que se preparan añadiendo queso fundido a los totopos de maíz han llegado a ser muy populares en el sur de los Estados Unidos y se les conoce como tejanos. Por otro lado, cada región o país prepara algunos de estos platillos con algún condimento especial, mientras que otros platillos son consumidos localmente, como es el caso del joroch (esferas de masa cocidas), de los panuchos o del pozol (esferas de masa envueltas en hojas de plátano) que forman parte de la cultura culinaria del sur de México y Centroamérica. Los tamales se preparan con maíz nixtamalizado y se conocen al menos 20 tipos diferentes que son elaborados en diversas formas dependiendo de la región.

En el caso del estado de Guerrero, México, una tradición de todos los jueves es consumir el pozole. Existen reportes que la cuna de este platillo a base de maíz nixtamalizado fue la ciudad de Chilapa, lo que es la región de la montaña de este estado del sur de México. El pozole guerrerense, ya sea blanco o verde (este último preparado con una pasta a base de semilla de calabaza), de puerco o pollo, se degusta con chicharrón, aguacate, queso fresco, chile, cebolla y orégano (que, dicen los oriundos de estos lugares, ayuda a la buena digestión de este platillo).

II.7.3 Otros usos del maíz y de la masa

El maíz crudo o nixtamalizado también ha sido utilizado para preparar bebidas como el atole. Asimismo, el maíz tostado y molido se consume directamente como pinole al que se ha añadido canela o cáscaras secas de naranja durante la molienda. Otras bebidas preparadas a base de maíz son el tesgüino y el pozol. El tesgüino es una bebida consumida en las comunidades indígenas y por ciertos núcleos poblacionales, que han continuado con la tradición heredada por generaciones, de varios estados del norte y noroeste de México. Entre los pueblos indígenas el tesgüino tiene un importante uso ceremonial, puesto que se consume en celebraciones religiosas, funerales y durante los juegos deportivos. La población que habita en ciudades lo toma como refresco de bajo contenido alcohólico, el cual se vende generalmente en puestos ambulantes.

Para la preparación de esta bebida, el maíz se remoja durante 36-40 horas para promover la imbibición de los granos, iniciar el proceso de germinación y eliminar los granos dañados. Los granos ya hinchados se escurren y se colocan en un costal de malla abierta para permitir la aireación; luego se dejan reposar en la oscuridad y cerca de un fogón para que al germinar produzcan plántulas blancas o amarillentas de sabor dulce.

El maíz germinado durante cinco días en esas condiciones se muele burdamente en un metate y luego se hierve por 12 horas (reponiendo parte del agua evaporada) hasta obtener un atole color amarillento. Hecho esto se coloca en un recipiente de barro cocido llamado olla tesgüinera, la cual presenta residuos de fermentaciones anteriores adheridos a sus paredes, y se deja fermentar a la temperatura ambiente cubierto con un lienzo. Para ayudar en la fermentación, se agregan varias plantas y cortezas, dejando la mezcla en reposo por varios días antes de servirla para su consumo.

Los microorganismos más importantes que intervienen en el proceso de fermentación del tesgüino son bacterias homolácticas y heterolácticas pertenecientes a los géneros *Lactobacillus, Leuconostoc, Pediococcus* y *Streptococcus*, así como levaduras fermentadoras activas tales como *Saccharomyces cerevisiae* y *S. kluyveri*, y levaduras formadoras de película como *Hansenula anomala* y *Candida guillermondii*. La fermentación es principalmente láctica-alcohólica, seguida de una alcohólica-acética. El valor nutricional del tesgüino es superior al de las materias primas utilizadas en su elaboración en virtud de los incrementos en el contenido de proteína y ácidos orgánicos, principalmente ácido láctico.

Por otro lado, el pozol es una bebida típica del sureste de México, el cual es tradicionalmente consumido por los indígenas de esa región como provisión para un viaje o como parte de los alimentos que llevan al trabajo en el campo. En las ciudades, el pozol se consume durante las comidas o como refresco a cualquier hora del día. En los mercados populares de los estados de Tabasco, Chiapas, Campeche y Yucatán, se pueden encontrar personas que venden las bolas de masa ya fermentada listas para sólo adicionar agua, que una vez producida la mezcla se obtiene una suspensión blanca que se consume como bebida refrescante y nutritiva. Ciertas personas han desarrollado otros métodos del consumo del pozol, ya que hay quienes le agregan sal y chile molido, azúcar o miel según el gusto o los fines a que se destine.

Para la obtención del pozol se prepara una masa de maíz, siguiendo el mismo procedimiento de nixtamalización que se utiliza para la preparación de las tortillas. Una vez obtenido el nixtamal ya lavado, se muele en metate para obtener la masa con la que se hacen bolas que se envuelven en hojas de plátano para mantener la humedad. En esta forma se deja reposar por varios días para que la fermentación se lleve a cabo. Dependiendo del tiempo en que ésta se realice, variará el gusto del producto final.

El pozol es un mejor alimento que el maíz sin fermentar, ya que entre los microorganismos responsables de la fermentación existen algunos fijadores del nitrógeno atmosférico, como el *Agrobacterium azotophilum,* y otros que le dan aroma y sabor, tales como *Saccharomyces cerevisiae,* que produce alcohol, y otros más que son los productores de ácido, que ayudan a impartirle el sabor característico. El pozol es uno de los alimentos en que se conserva la antigua sabiduría de los pueblos prehispánicos, pues al transformar el maíz en pozol se ayuda a su conservación y se mejora su sabor y sus propiedades nutritivas, esto debido en parte a la fijación del nitrógeno del aire que efectúan algunas de las bacterias especializadas que se desarrollan en el pozol.

II.7.4 Cambios durante la nixtamalización y la elaboración de la tortilla

La cocción alcalina y el remojo provocan la disolución y el hinchamiento de las capas del pericarpio (figura II.1, p. 21), esto hace que las paredes celulares y los componentes de la fibra dietaria de esta parte del grano se vuelvan frágiles facilitando su remoción, lo cual obviamente disminuye el contenido de fibra dietaria insoluble. Por el contrario y afortunadamente, la fibra dietaria soluble se incrementa de 0.9% en el maíz a 1.3% en la masa y a 1.7% en la tortilla. La fibra dietaria en general ha sido reconocida como un componente importante y altamente deseable en los alimentos, que ejerce diversas funciones fisiológicas asociadas a la salud (cuadro II.4).

La nixtamalización también provoca que la estructura que une las células del endospermo (figura II.1, p. 21), llamada lámina media, y las paredes celulares se degraden y solubilicen parcialmente. La mayoría del germen permanece en el grano durante la nixtamalización, lo que permite que la calidad de la proteína de los productos de la

CUADRO II.4. *Efectos fisiológicos de la fibra dietaria de los alimentos*

1. La fibra dietaria ha sido reconocida como un nutriente

2. Se recomienda una ingestión de 25 g/persona/día

3. Da volumen y así contribuye a una función intestinal normal

4. Algunas fuentes viscosas de fibra dietaria ayudan a reducir los niveles de colesterol en sangre

5. Se fermenta en el intestino grueso causando cambios importantes de tipo bioquímico, fisiológico y microbiológico. Se cree que esto contribuye a una mejor salud

6. Tiene un efecto protector en la evolución de los cánceres de colon

masa no se vea afectada. Otro aspecto marcadamente sobresaliente consiste en que la membrana semipermeable que está alrededor del grano, denominada aleurona, permanece sobre el mismo durante este tratamiento, lo que minimiza la pérdida de nutrimentos hacia el nejayote por el fenómeno llamado lixiviación.

Cuando el maíz nixtamalizado se muele pierde su estructura gracias a que los componentes del grano fueron acondicionados por la cocción y el remojo. La masa resultante de la molienda consiste en fragmentos de germen, residuos del pericarpio y endospermo unidos por el almidón parcialmente gelatinizado, y por las proteínas y los lípidos emulsificados.

Desde mediados del siglo xx se han llevado a cabo una serie de trabajos para entender el efecto que el proceso de la cocción alcalina tiene sobre la calidad nutrimental del maíz. Por ejemplo, la cocción alcalina altera la estructura y la solubilidad de las proteínas del maíz. La nixtamalización y la cocción de la tortilla reducen la solubilidad de las albúminas y de las globulinas. Lo mismo ocurre con la solubilidad de las prolaminas (zeínas). Asimismo, se observa la aparición de glutelinas de alto peso molecular. Estos cambios se deben al enlazamiento de proteínas entre sí y a la ruptura de la estructura de las mismas estabilizada por diversas fuerzas de atracción.

El contenido de proteína no se ve afectado sensiblemente después que el maíz ha sido nixtamalizado y producida la tortilla. Las diferencias en el contenido de proteína del maíz entre los reportes existentes se debe al hecho de que hay diferencias en el contenido de proteína entre diferentes materiales de maíz. La digestibilidad de la proteína se disminuye ligeramente tanto en el nixtamal como en la tortilla, lo cual está relacionado con el tiempo de cocción y la concentración de cal. La cocción altera a las prolaminas (zeínas) provocando que éstas sean menos susceptibles a la digestión.

El contenido de lisina y triptófano no se ven seriamente afectados después de que el maíz ha sido sometido tanto a la nixtamalización como a la producción de tortilla, aunque sí se presentan ligeras pérdidas. Los aminoácidos liberados pueden producir un compuesto llamado lisinoalanina, el cual no es biodisponible, además de que pueden reaccionar con azúcares reductores formando compuestos de color oscuro.

Como ya se indicó, el maíz es deficiente en lisina y triptófano, y obviamente el nixtamal y la tortilla también lo son. Sin embargo, la nixtamalización incrementa la disponibilidad de la mayoría de los aminoácidos esenciales, lo cual es una de las principales contribuciones de este proceso a la nutrición humana. En general se ha observado que uno de los indicadores importantes del valor nutricional de una proteína, la relación de eficiencia proteínica, se ve sensiblemente incrementada por el proceso de la nixtamalización. Esto es un indicativo de la bondad de consumir tortilla en lugar de maíz sin nixtamalizar.

Es pertinente aclarar que la relación de eficiencia proteínica mide la relación que existe entre la ganancia en peso con respecto a la cantidad de proteína consumida. De esta forma, una proteína presentará mejor eficiencia proteínica cuando el organismo en cuestión gane más peso con menor cantidad de proteína ingerida. Asimismo, el valor biológico de la proteína se incrementa sensiblemente como resultado de la nixtamalización y la producción de la tortilla, mientras que la utilización neta de la proteína puede disminuir muy ligeramente.

Como ya se ha mencionado, el valor biológico de una proteína se mide por la cantidad de nitrógeno que es asimilado por el cuerpo humano, mientras que la utilización neta de la proteína se calcula con base en la digestibilidad y el valor biológico de la proteína. En resumen, la nixtamalización mejora sensiblemente en forma global el aporte nutricional por parte de las proteínas del grano de maíz.

En cuanto a los cambios que el almidón sufre durante la nixtamalización, ésta retarda la gelatinización del mismo debido a la aparente interacción del calcio con el almidón, especialmente con la amilosa. Además, un nixtamal sobrecocido absorbe más agua, debido a un mayor grado de gelatinización; una vez que este tipo de nixtamal es transformado en masa, ésta adquiere propiedades de pegajosidad/adhesividad que son indeseables en la producción de tortilla. Este tipo de tortillas generalmente pierden flexibilidad o textura más rápidamente debido al fenómeno de retrogradación del almidón.

La figura II.3 muestra el bajo grado de gelatinización que alcanza el almidón del maíz por efecto de la nixtamalización, analizado este fenómeno mediante la técnica de calorimetría diferencial de barrido y por microscopía de contraste de fases. Esto contrasta con la creencia anterior de que el almidón de maíz se gelatinizaba completamente por efecto de la cocción alcalina que se lleva a cabo en dicho proceso. La figura II.3A muestra una gráfica típica de calorimetría diferencial de barrido; dicha gráfica representa la absorción de calor que lleva a cabo la muestra (en este caso el almidón) y que resulta en un cambio (transición) en su estructura molecular, en este caso de una estructura nativa o cristalina a una menos cristalina (es decir, gelatinizada).

Las temperaturas inicial (Ti), de pico (Tp) y final (Tf) a las que se lleva a cabo dicha transición, así como la cantidad de calor (área bajo la curva o entalpía de transición o ΔH) requerida para llevarla a cabo, son indicativos del grado de cristalinidad del almidón. Así podemos apreciar en la figura II.3B que las temperaturas mencionadas y la ΔH no cambian notablemente por efecto de la nixtamalización. Dicho cambio mínimo en la cristalinidad del almidón también se aprecia en las figuras II.3C y II.3D, las cuales muestran los gránulos de almidón de maíz crudo y nixtamalizado, respectivamente, fotografiados en un microscopio de contraste de fases. Dicha técnica permite observar la cristalinidad de los gránulos de almidón como una típica birrefringencia en forma de cruz de Malta, la cual es visible tanto en el maíz crudo como en el nixtamalizado.

Posteriormente al cocimiento, el almidón se retrograda, es decir, se recristaliza o reasocia para formar nuevas estructuras, durante el tiempo que el grano permanece en remojo. El proceso de la molienda libera al almidón del endospermo y reduce aún más su cristalinidad. La cocción de la masa para producir la tortilla reduce nuevamente, y en forma drástica, la cristalinidad del almidón. Por otro lado, el proceso de freído utilizado para producir totopos causa la pérdida final de la cristalinidad del almidón. Durante el enfriamiento de estos productos, el almidón se reasocia formando también complejos amilosa-lípidos.

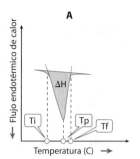

A

Flujo endotérmico de calor →

ΔH

Ti · Tp · Tf

Temperatura (C) →

B

Muestra	Temperatura (C)			ΔH (cal/g)
	Ti	Tp	Tf	
Maíz crudo	64.1	70.3	76.0	18.6
Nixtamal	66.0	71.2	77.4	11.3

Efecto de la nixtamalización sobre los valores calorimétricos del almidón de maíz

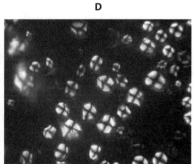

C   **D**

Figura II.3. *Análisis de la gelatinización del almidón durante la nixtamalización del maíz, mediante calorimetría diferencial de barrido (A y B) y por microscopía de contraste de fases (C y D)*

El proceso de retrogradación del almidón ha llamado la atención en los últimos años. Hoy día se sabe que, desde un punto de vista nutricional, la fracción del almidón retrogradado no es digerida en el intestino delgado de los seres humanos. Este almidón, llamado almidón resistente, pasa al tracto intestinal inferior y llega al colon. En forma similar a la fibra soluble, el almidón resistente es fermentado por la microflora del colon, con lo cual se producen ácidos grasos de cadena corta como el ácido propiónico, el acético y el butírico.

La fermentación de este almidón produce cantidades mayores de ácido butírico en comparación con la producida por la fibra soluble. Este ácido sirve como la principal fuente de energía de los colonocitos (células del colon), por lo que el almidón resistente ha sido considerado muy importante para el mantenimiento del estado saludable del colon. A través de este mecanismo, tanto este almidón como la fibra soluble ayudan a prevenir el cáncer del colon.

Los consumidores de tortilla por lo general tienen la costumbre de almacenar las tortillas bajo condiciones de refrigeración y de someterlas a un ciclo de calentamiento y enfriamiento hasta que el producto se agota. Esta práctica pudiera favorecer la formación de almidón resistente, aparte del que se produce durante el proceso de la nixtamalización, aumentando así el beneficio que trae la tortilla sobre la salud.

Los lípidos del grano de maíz disminuyen en forma importante hasta un 3.4% en tortilla de maíz amarillo y hasta un 2.6% en tortilla de maíz blanco. Estas pérdidas no se han explicado totalmente; sin embargo, pueden deberse a la pérdida del pericarpio, del pedicelo o probablemente a la pérdida parcial o total del germen en donde se localiza la mayoría de los lípidos del grano.

Por otro lado, las pérdidas que la cocción alcalina y la producción de la tortilla provocan en las vitaminas son variables. Se sabe que cuando el maíz amarillo se somete a la nixtamalización pierde 15-28% de su contenido de caroteno. La tiamina (vitamina B_1), que en promedio está presente en el maíz en un nivel de 0.7 miligramos por 100 gramos de materia seca, se reduce hasta en un 60%, mientras que la riboflavina (vitamina B_2) y la niacina (vitamina B_3) se pierden hasta en un 70% y 40%, respectivamente.

Cabe mencionar que la niacina presente en el grano de maíz no está disponible, pero el proceso de cocción provoca que esta vitamina sea liberada como ácido nicotínico (un componente de la niacina) para su aprovechamiento. Al respecto se ha indicado que la cocción alcalina destruye el efecto pelagrógeno (causante de la enfermedad llamada pelagra) de las dietas ricas en maíz crudo o tostado. Aparentemente esta enfermedad se debe al desbalance de los aminoácidos esenciales del maíz, en particular de su bajo nivel de triptófano, lo que incrementa los requerimientos de niacina por parte del organismo. La cocción del maíz en agua tiene el mismo efecto; es decir, incrementa la disponibilidad de niacina. Se ha reportado que los productos del maíz nixtamalizado contribuyen con el 39-56% de niacina así como con el 32-62% de tiamina y con el 19-36% de riboflavina de los requerimientos mínimos diarios.

Con relación al calcio, se ha observado que el contenido de este mineral en la masa se ve afectado por la cantidad de cal añadida, las temperaturas de cocción, el tiempo de remojo y el nivel de cal eliminado durante el lavado del grano cocido. Por otro lado, si el maíz se remoja antes de la cocción, el contenido de calcio aumenta en el grano nixtamalizado. En general, el grano nixtamalizado puede contener hasta alrededor de 30 veces el nivel original de calcio del grano crudo. Interesantemente, el calcio de la tortilla es altamente biodisponible, ya que cuando se alimentan ratas con tortilla absorben y retienen más calcio que aquellas que se alimentan con granos crudos de maíz. Las ratas presentan huesos más grandes y resistentes a fracturas, lo que confirma la absorción y retención de este importante mineral. Por otro lado, tomando en consideración el consumo diario de productos nixtamalizados, el calcio de las tortillas provee de más de la mitad del calcio ingerido *per capita* en México. La nixtamalización indudablemente reduce los problemas asociados a la deficiencia de este mineral.

Otro aspecto importante desde el punto de vista nutricional y que se relaciona con el calcio y el fósforo, estriba en el hecho de que la relación calcio : fósforo que en el maíz es de 1 a 20, llega a ser más frecuentemente de 1 a 1 en la tortilla. Debe tenerse presente que el fósforo del maíz está presente principalmente en el ácido fítico, compuesto químico que interfiere fuertemente en la absorción de varios minerales incluido el calcio. El contenido de ácido fítico disminuye del 1% presente en el grano de maíz hasta 0.4% en la tortilla. Finalmente, se ha calculado que la tortilla puede contribuir con un 32-62% de los requerimientos mínimos de hierro. Para tener una visión general, en el cuadro II.5 se presenta una síntesis de los cambios que sufre el maíz por causa de la nixtamalización. En conclusión, el aporte nutrimental que el maíz nixtamalizado suministra a la dieta humana es, sobresalientemente, mucho más importante que el que da el maíz sin nixtamalizar.

CUADRO II.5. *Síntesis de los cambios originados por el procedimiento de elaboración de la tortilla y algunas consideraciones ecológicas*

Concepto	Efecto	Concepto	Efecto
PROTEÍNA		MINERALES	
Contenido	↓	Calcio	↑↑↑↑
Solubilidad	↓	Fósforo	↑↑↑
Digestibilidad	↓	Relación calcio/fósforo	↑↑↑
Relación de eficiencia		Hierro	↓↓
proteínica	↑↑		
Valor biológico	↑↑	OTROS COMPONENTES	
Utilización neta de		Ácido fítico	↓
proteína	↓	Aflatoxinas	↓↓↓
AMINOÁCIDOS		ALEURONA DEL GRANO	
Lisina	↓	Permanece durante la	
Triptófano	↓	nixtamalización, lo que	
Leucina	↓	disminuye la lixiviación	
Aminoácidos disponibles	↑↑	de nutrientes	
Relación leucina/isoleucina	↑↑		
CARBOHIDRATOS		ASPECTOS ECOLÓGICOS	
Almidón	↓	1 kg de maíz implica enviar	
Fibra total	↓↓	a los efluentes de 3 a 10 L	
Soluble	↑	de agua contaminada	
Insoluble	↓		
Almidón resistente	↑↑		
LÍPIDOS	↓	SABOR, TEXTURA Y ASPECTO	↑↑↑↑
VITAMINAS			
Provitamina A	↓↓		
Tiamina (B$_1$)	↓↓		
Riboflavina (B$_2$)	↓↓		
Niacina (B$_3$)	↓		
Niacina disponible	↑↑↑		

↑: incremento; ↓: disminución. El número de flechas indica esquemáticamente el nivel del incremento o disminución.

II.7.5 *Vida de anaquel de harinas nixtamalizadas y de la tortilla*

Se han buscado estrategias para incrementar la vida de anaquel de la masa y la tortilla bajo condiciones normales de almacén. Un método para preservar la masa es la producción de harinas. Esta técnica fue desarrollada en México y posteriormente se extendió a otras partes del mundo gracias a la demanda de alimentos mexicanos. Esto impulsó significativamente la producción de harinas de maíz nixtamalizado a partir de los años ochenta. Actualmente en México se procesan más de 200 000 toneladas de harina nixtamalizada por mes, lo que representa un consumo anual de 2 millones 400 mil toneladas. De cada diez tortillas consumidas en México, tres o cuatro provienen de harinas nixtamalizadas. El éxito de estas harinas se debe también al hecho de que este producto es de fácil uso; la preparación de masa para tortillas y productos derivados de la masa utilizando harina requiere de algunos minutos, ya que sólo es cuestión de hidratar y amasar la harina, en contraste con las 12 a 24 horas que se necesitan para cocer, remojar y moler el maíz.

El proceso industrial para producir harina de masa se basa en el proceso original de la nixtamalización. El maíz normalmente se cuece por 30-50 minutos (en el método tradicional se suele cocer de 50 a 90 minutos) en proporciones de maíz : agua de 1 : 1.8 después de añadirle cal en una concentración del 5-6% (con base en la mezcla). Después de la cocción, el maíz se deja remojando por 1-2 horas en contraste con las 14-18 horas del método tradicional. Posteriormente el grano se lava para molerlo y secarlo en una sola operación y se deja enfriar para finalmente molerlo con el tamaño de partícula deseado.

En general, 1 kilogramo de maíz llega a producir de 900 a 950 gramos de harina. Otro proceso para producir harina utiliza la cocción continua, la cual generalmente se realiza bañando a presión el maíz con una solución de cal antes de colocarlo en un equipo para cocer al vapor. Después de lavar el maíz, para retirar los fragmentos desprendidos del pericarpio, el grano cocido se muele y se seca.

La harina comercial es una mezcla de fracciones finas y gruesas mezcladas en proporciones cuidadosamente calculadas con el fin de ser utilizadas para productos específicos (tortillas, totopos, tamales, etc.). En este sentido, la distribución del tamaño de la partícula es uno de los criterios de calidad más importantes. Otros factores relevantes son la capacidad de retención de agua, el pH, el color de las harinas y el tamaño de la partícula del almidón. De esta forma, si se desea preparar tortillas de maíz de buena calidad a partir de harina se debe lograr que la distribución del tamaño de partícula sea uniforme, que el pH sea de aproximadamente 7.2, que el índice de la capacidad de retención de agua sea de 1.3 gramos de agua por gramo de harina a 70 °C y que el color sea blanco o amarillo pálido.

Con relación a la vida de anaquel de las harinas, ésta llega a ser de varios meses cuando se empaca apropiadamente, en contraste con la masa, la cual se deteriora rápidamente. Cuando la harina de maíz presenta un contenido de humedad de 10-12% es muy estable a la contaminación por microorganismos. Por el contrario, si la humedad es mayor al 12% la harina es fácilmente atacada por hongos. El problema de la contaminación bacteriana es prácticamente inexistente en vista de que la cantidad de humedad requerida para que éstas crezcan se alcanza cuando la humedad de la harina es igual a la de la masa. Por otro lado, el proceso térmico que se utiliza también reduce la actividad enzimática y retarda el deterioro de los aceites que se liberan del germen del grano durante la molienda.

Sin embargo, cuando las condiciones de almacenamiento no son las apropiadas, la harina se deteriora severamente. En este sentido, se ha visto que las harinas para tortilla almacenadas bajo condiciones de alta temperatura y una humedad relativamente alta desarrollan una marcada rancidez, y que el nivel de lisina disponible así como la digestibilidad de la proteína disminuyen sensiblemente; como consecuencia, los atributos sensoriales se ven seriamente afectados. Con el fin de resolver este y otros problemas se ha demostrado que algunos aditivos son eficientes para retardar algunas de las características indeseables, como por ejemplo los monoglicéridos, el propionato de calcio y el sorbato de potasio, entre otros.

Existen ciertas desventajas respecto de las harinas y los productos elaborados con ellas. Por un lado está el incremento en el costo del producto para solventar las cantidades apreciables de energía que se gastan durante el proceso de secado y por el otro, el efecto que este proceso de producción tiene con relación a la textura, color y sabor del producto terminado. Se ha visto que si la calidad de la harina no es la óptima, las características sensoriales de la tortilla se afectan a tal grado que provocan una baja aceptación del producto. Además, se ha observado que las tortillas preparadas con harina tienden a deteriorarse más rápidamente que aquellas preparadas con masa fresca.

Con relación a la vida de anaquel de la tortilla, ésta es altamente susceptible al ataque de hongos que provocan su rápido deterioro. Estos organismos crecen debido principalmente al alto contenido de humedad (38-46%) y a los pH ligeramente alcalinos (pH 7.3). En países como los Estados Unidos, las tortillas se comercializaban bajo condiciones de refrigeración para aumentar la vida de anaquel del producto. Debido a las preferencias de los consumidores y a la gran demanda, las tortillas se movieron del refrigerador a los anaqueles en los supermercados, cambio que ha exacerbado los problemas de estabilidad del producto.

La cocción del maíz y el calor para producir las tortillas y productos derivados inactivan a la mayoría de los microorganismos que provocan estos daños. Por lo tanto, la mayoría de los problemas con microorganismos son el resultado de contaminaciones posteriores causadas por la falta de higiene o el enfriado inapropiado de las tortillas. Por ello, las tortillas se deben enfriar bajo las condiciones más asépticas posibles por 3 a 5 minutos para bajar la temperatura de 94 a 25 °C. Un enfriado inapropiado además provoca que las tortillas tiendan a pegarse entre sí debido a la retrogradación (reasociación) del almidón y a la acumulación de humedad en el envase.

Otro método que se ha utilizado para alargar la vida de anaquel de las tortillas es el de incrementar el pH hasta 9.0 con la adición de mayores cantidades de cal. Sin embargo, esta operación afecta negativamente la apariencia, el sabor, el color y el aroma de la tortilla. El método más común de conservación de las tortillas en los Estados Unidos consiste en la adición de combinaciones de sustancias antimicrobianas (propionatos y sorbatos) y acidulantes (ácidos fumárico, cítrico y ascórbico). Los acidulantes se añaden para bajar el pH entre 5 y 6; cuanto más ácido el pH, mayor es la vida de anaquel de la tortilla pero menor la calidad de las propiedades organolépticas del producto.

Cabe mencionar que los organismos de salud no permiten añadir más del 0.2% de sustancias conservadoras. La tortilla comercial a la que se le agrega este tipo de sustancias llega a durar hasta 14 días en el anaquel a temperatura ambiente y 60 días bajo refrigeración. Las tortillas almacenadas a temperatura ambiente sin conservadores y con un pH neutro tienen una vida de anaquel de sólo 3 días.

Las características del almidón en la masa tienen un efecto importante sobre la firmeza y la elasticidad, y están relacionadas con la capacidad de enrollamiento de la tortilla almacenada y recalentada. Conforme el tiempo de almacén aumenta, la capacidad de absorción de agua de la tortilla decrece debido al fenómeno de retrogradación, el cual produce interacciones entre las cadenas del almidón y se evita la formación de enlaces con las moléculas de agua. La retrogradación del almidón está relacionada con el contenido de amilosa y amilopectina, ya que almidones con alto contenido (99%) de amilopectina tienen la característica de retrogradar a mucha menor velocidad que los almidones normales (los cuales tienen alrededor de 73% de amilopectina); sin embargo, los almidones con alto contenido de amilopectina dan una masa muy viscosa y por lo tanto tortillas con textura muy diferente a la de una tortilla tradicional. Con el propósito de mejorar las características de textura de las tortillas almacenadas, se han intentado varias estrategias como alterar el contenido de amilosa y amilopectina del maíz o hacer una mezcla de granos que tengan almidones altos en amilopectina y almidones normales.

Otra estrategia que se ha llevado a cabo para prolongar la vida de anaquel de la tortilla ha sido la adición de gomas, como la carboximetilcelulosa. Este tipo de productos mejora y mantiene las propiedades funcionales de la tortilla en vista de que retiene una cantidad apreciable de humedad en proporción a su peso. Además, retarda los efectos naturales en los cambios de los componentes de la tortilla, mejora la textura del producto, elimina el aspecto pegajoso de las tortillas empacadas, produce tortillas que resisten mejor los ciclos de congelamiento y descongelamiento e incrementa el rendimiento de la tortilla.

También se han adicionado a las tortillas emulsificadores como los monoglicéridos para mejorar sus características y la vida de anaquel. La adición de monoglicéridos (0.2-0.4%) produce tortillas que son más suaves, con una mejor capacidad de enrollamiento y con menor tendencia a perder humedad que las tortillas testigo. Se ha establecido la hipótesis que indica que los emulsificadores pudieran retardar la re-asociación del almidón gelatinizado que provoca el endurecimiento de la tortilla.

II.7.6 Enriquecimiento de la tortilla

A través de los años se han realizado varios esfuerzos para mejorar la calidad nutrimental de la tortilla. Esto se puede lograr principalmente por medio de dos estrategias. Una de éstas es la fortificación de las tortillas mediante la adición de harinas de otros granos a la masa. Por ejemplo, la adición de un 8% de soya incrementa significativamente el contenido de lisina y aumenta la relación de eficiencia proteínica en ratas alimentadas con tortillas preparadas con esta masa. Por otro lado, tortillas que son fortificadas con 16% de soya incrementan la relación de eficiencia proteínica de 1.1 a 2.2, mientras que aquéllas que contienen un 20% de soya lo incrementan a 2.3.

Aparentemente la adición de sorgo, de soya y ajonjolí o de sorgo y soya no modifica las características y la aceptación del producto final. También se ha intentado fortificar a la tortilla con la adición de harina de semilla de algodón, soya integral, amaranto, harina de pescado y levadura con diferentes resultados; estas mezclas mejoran la calidad de la proteína. Sin embargo, en algunos casos como el de la harina de pescado y levadura, se altera el sabor del producto dependiendo de las proporciones de harina que se utilicen.

La otra estrategia para mejorar la tortilla es la suplementación que se refiere a la adición de nutrimentos, los cuales no se encuentran presentes en el alimento o sólo se encuentran en cantidades muy pequeñas o en niveles deficientes. Se han realizado esfuerzos para estudiar el efecto de la suplementación con concentrados de proteína de pescado, soya y leche, ricos en lisina y metionina. Se ha observado que se presenta un efecto sinergístico con relación al incremento de la calidad de la proteína. Por ejemplo, la adición de 4-6% de proteína de soya incrementa a 2.3 la relación de eficiencia proteínica.

En México no existía la cultura de la suplementación; solamente se había establecido como obligatoria la adición de yodo a la sal de mesa para la prevención del bocio. No obstante, en 1997 se publicó en el Diario Oficial de la Federación el proyecto de Norma Oficial Mexicana NOM-147-SSA1-1996, en la que se establece la adición de micronutrientes a las harinas para restaurar las vitaminas y los minerales más importantes perdidos durante la transformación de los granos. En la actualidad se están instrumentando medidas para que las harinas refinadas sean complementadas con la adición de proteína, minerales y vitaminas. El costo de la adición de estos compuestos básicos representa aproximadamente 1.6% del precio de la tortilla.

Con este tipo de acciones, la industria harinera nacional está realizando un esfuerzo para complementar la tortilla elaborada con harina nixtamalizada. En este aspecto se espera enriquecer este tipo de tortilla que representa el 23% del consumo en México; sin embargo, no se ha contemplado el 37% de la tortilla que se elabora con masa de molinos de nixtamal comerciales ni el 40% de la tortilla elaborada en las zonas rurales. Por esta razón se deben desarrollar tecnologías sencillas y baratas para complementar o enriquecer la tortilla hecha con masa proveniente del sector molinero no industrial, que a inicios del siglo XXI se calcula en aproximadamente 25 000 molinos.

El consorcio Maseca® ha comercializado una harina fortificada mezclando 93.5% de harina de masa seca con 6% de harina de soya desengrasada y 0.5% de una mezcla preparada que contiene las vitaminas A, B_1, B_2, niacina, ácido fólico y hierro. Con la excepción del ácido fólico y el hierro, estos micronutrientes se añaden en cantidades tales que aportan entre un 50 y un 75% de los requerimientos mínimos diarios recomendados. Además, la mezcla de vitaminas y minerales provee de un 130% y de un 100% de los requerimientos de ácido fólico y hierro, respectivamente. En cuanto a la composición nutrimental de las harinas y tortilla de maíz sin fortificar comparadas con los mismos productos fortificados y suplementados, como es de esperarse, los contenidos de proteína y fibra dietaria son mayores en la harina y en las tortillas fortificadas y suplementadas. El contenido de aminoácidos esenciales también mejoró notablemente, como fue el caso de la lisina y el triptófano, mientras que el hierro se incrementó en casi cuatro veces. Posteriormente se recomendó que se retirara la vitamina A en vista de que alteraba el sabor y era costosa, y se añadiera zinc a las harinas nixtamalizadas.

A finales del siglo XX se firmó el convenio entre productores y gobierno en donde se establecen los límites mínimos y máximos permisibles de cada nutrimento y los compuestos recomendados para enriquecer las harinas nixtamalizadas. Se ha autorizado la adición de cuatro vitaminas y dos minerales: el hierro y el zinc.

Por otro lado, se ha investigado la relación entre el consumo de tortilla y la ganancia de peso, tasa de preñez, tamaño de la camada, concentración del ácido desoxirribonucleico (ADN) y el número de células neuronales en ratas. Los resultados no solamente indican que la tortilla enriquecida afecta positivamente el crecimiento y la gestación de las ratas, también muestran claramente los beneficios de la fortificación y la suplementación de tortillas especialmente para organismos subalimentados o mal nutridos.

Un programa nacional de enriquecimiento de la tortilla ayudaría a resolver a un bajo costo los graves problemas de nutrición observados en las zonas rurales y marginadas. Los individuos más beneficiados serían los niños y los infantes; también se podría presentar la posibilidad de un mayor índice de crecimiento de la población de estos estratos de la sociedad, pero ello sería motivo de otras estrategias adicionales.

II.8 CONSIDERACIONES GENÉTICAS, ECOLÓGICAS Y TOXICOLÓGICAS

II.8.1 Maíz de alta calidad proteínica

Como ya se discutió, una de las principales deficiencias nutrimentales del maíz es su bajo contenido de lisina y triptófano. Esta condición despertó el interés para encontrar alternativas para mejorar la calidad proteínica del maíz. Como resultado de ello, en los años sesenta se reportó que una mutación espontánea en el cromosoma 7 del maíz, denominada *opaco-2*, duplicaba el contenido de lisina y triptófano con respecto a los maíces normales. El maíz normal contiene en promedio 1.6 gramos de lisina y 0.5 gramos de triptófano por 100 gramos de proteína, mientras que el denominado maíz *opaco-2* presentó hasta 2.5 veces el nivel original de lisina y hasta el doble del de triptófano.

Por su alto contenido proteínico se pensó que este maíz podría sembrarse extensivamente. Sin embargo, el maíz *opaco-2* mostró un endospermo blando que lo hacía mucho más susceptible a las plagas de almacén y al daño mecánico; además, su rendimiento era mucho menor que el del maíz normal y el grano requería largos periodos de tiempo para secarse.

Con el fin de contrarrestar estas características indeseables, durante diez años de esfuerzos, el Centro Internacional de Mejoramiento del Maíz y Trigo, situado en México, realizó una serie de trabajos con tecnología genética tradicional que dieron como resultado la generación de un maíz de alta calidad proteínica (maíz QPM, por sus siglas en inglés). Los granos de este nuevo tipo de maíz presentan contenidos similares de lisina y triptófano que el *opaco-2* pero no las características indeseables del endospermo de este maíz.

El programa de maíz QPM en Sudáfrica fue el primero en liberar híbridos comerciales de dichos materiales. Hoy en día existen numerosas variedades e híbridos de color blanco y amarillo diseminados por todo el mundo. En Sudáfrica, Ghana, China y Brasil se siembran comercialmente este tipo de maíces. Interesantemente, se ha encontrado que la relación de eficiencia proteínica del maíz QPM es del orden de 1.9 y que el de la tortilla llega a ser de 2.1, lo cual indica que la calidad de su proteína para la nutrición de los niños es de un 84% respecto a la calidad de la proteína de la leche. Asimismo, para la nutrición del humano adulto el valor biológico del maíz QPM es del 80%, mientras que la cantidad de maíz requerido diariamente para equilibrio de nitrógeno es de 230 gramos, valores que son cualitativamente superiores a los correspondientes al maíz normal (40-57% y 547 gramos, respectivamente).

Se han llevado a cabo estudios para evaluar el comportamiento del maíz QPM con relación a la producción de tortilla y otros productos relacionados. Se ha encontrado que además del alto contenido de lisina y triptófano en comparación con el maíz normal, las tortillas y totopos de maíz QPM también presentan más del doble del contenido normal de proteínas de los tipos de las albúminas y las globulinas. Cuando se alimentan ratas con estos productos, la ganancia en peso es del doble en comparación con las ratas alimentadas con productos de maíz normal.

Existe un acuerdo de cooperación entre el Instituto Nacional de Investigaciones Forestales, Agrícolas y Pecuarias de México (INIFAP) y el Centro Internacional de Mejoramiento del Maíz y Trigo que tiene como objetivo producir híbridos QPM de este grano básico. Se espera que este avance revolucione el sistema productivo y mejore los aspectos nutricionales, sobre todo de los productores de autoconsumo y sus familias. Este acuerdo señala que el INIFAP es responsable de desarrollar los materiales genéticos a través de los procesos tradicionales para incrementar semilla.

A principios del presente siglo, en México ya se produce semilla registrada de maíz QPM de 26 híbridos y variedades diferentes suficiente para sembrar más de 80 000 hectáreas en áreas tropicales y subtropicales. Se tiene proyectado que de los cerca de ocho millones de hectáreas que se siembran con maíz en México, en la mitad de ellas podrían utilizarse las variedades disponibles de maíz QPM en los próximos años.

Aparte de las estrategias discutidas en la sección anterior, no deben descartarse otras opciones para mejorar la calidad de la proteína del maíz. En este sentido, en la Unidad de Biotecnología e Ingeniería Genética de Plantas del Centro de Investigación y de Estudios Avanzados del Instituto Politécnico Nacional, en Irapuato, Guanajuato, México, se ha logrado integrar al maíz el gen de una proteína tipo globulina de la semilla de amaranto *(Amaranthus hypochondriacus)*, denominada amarantina, para mejorar sensiblemente su calidad nutrimental.

El maíz genéticamente transformado se ha evaluado en cuanto a su comportamiento alimentario y aspectos de bioseguridad e inocuidad alimentaria. Es importante señalar que el amaranto llega a tener hasta un 18% de proteína rica en lisina (4.8-6.4 gramos por 100 gramos de proteína). La fracción globulina de esta proteína por consecuencia es también rica en este aminoácido (3 a 7%). De esta manera se ha podido obtener un maíz con mejores mensajes nutrimentales, alta digestibilidad y ninguna alergenicidad.

Por otro lado, la compañía Ciba-Geigy® en los Estados Unidos introdujo un gen de la bacteria *Bacillus thuringiensis* que le confirió resistencia al maíz contra el ataque de insectos. No obstante que esta última tecnología tiene como objetivo disminuir el alto costo y el uso de insecticidas, ha llegado a ser el foco de importantes debates entre los agricultores, las compañías de productos agrícolas, los organismos de seguridad y la comunidad científica, tema que será discutido en un capítulo posterior.

El maíz también está siendo utilizado con otros fines tales como el de producir proteínas de interés comercial. Por ejemplo, se ha reportado la producción en maíz transgénico de la proteína del huevo avidina y de la enzima beta-glucuronidasa bacteriana. Ambas proteínas se expresan en altos niveles en el grano y las actividades de ambas son similares a sus contrapartes naturales.

Se ha visto que cuando la avidina está presente en la semilla a concentraciones mayores a 100 miligramos por kilogramo, confiere resistencia al ataque de plagas de almacén. La avidina no presentó ningún efecto tóxico en ratas después de alimentarlas por 21 días con una dieta basada únicamente en este tipo de maíz. Por otro lado, se ha transformado el maíz para alterar la composición del aceite, las proteínas y los carbohidratos con el fin de modificar la calidad nutrimental y/o funcional de la semilla para ser utilizada como alimento o para usos industriales. Los años por venir definirán con certeza el futuro de estas nuevas tecnologías.

II.8.3 Aspectos ecológicos

Como ya se indicó anteriormente, el proceso de nixtamalización utiliza grandes cantidades de agua para la cocción, remojo y lavado que dan origen a desechos residuales que son fuente de contaminación al medio ambiente. Se ha calculado que por cada tonelada de maíz se emplean de 3000 a 10000 litros de agua para lavar el nixtamal.

Si estamos consumiendo 800 millones de tortillas por día significa que hay ríos de agua contaminada que afectan fuertemente la ecología del país. Por otra parte, la cocción indirecta del nixtamal y de la tortilla con gas licuado propano es poco eficiente ya que se desperdician dos tercios del consumo energético que se disipan como contaminante del ambiente. En este sentido se ha tratado de utilizar vapor de agua como fuente de calor; sin embargo, la calidad del producto final, masa o tortilla, resulta deteriorada.

Por otro lado, también se ha intentado cocer el maíz a presión (5-15 libras/pulgada cuadrada) en seco y en ambiente húmedo por diferentes intervalos de tiempo con o sin cal. Ninguno de estos métodos alteró la composición química ni el nivel de la digestibilidad de proteína del maíz cocido. Sin embargo, parece que estos métodos reducen drásticamente la calidad del producto.

Otro aspecto importante es que en el nejayote y en las aguas de lavado normalmente se pierden los nutrientes presentes en el pericarpio del maíz; en esta capa externa del grano se concentra gran cantidad de proteínas de buena calidad (albúminas y globulinas), vitaminas, minerales y fibra dietaria. La fibra dietaria, como ya se ha mencionado (cuadro II.4, p. 35), reduce los niveles de colesterol en la sangre, previene la incidencia de enfermedades cardiovasculares y el cáncer de colon. Además de estos compuestos, las aguas residuales de la nixtamalización también arrastran, en forma soluble, una buena cantidad de la cal utilizada para la cocción. Por esta razón se ha intentado utilizar estas aguas como fuente de nutrimentos en sistemas aerobios y anaerobios, en donde se produce biomasa que a su vez es utilizada para la alimentación de peces y crustáceos.

Otra posible solución al problema del uso de grandes cantidades de agua en la nixtamalización es utilizar procesos alternativos, como la extrusión. Este proceso se inicia con el acondicionamiento del maíz molido al humectarlo por aspersión con una solución acuosa de cal al 0.3%. La extrusión-cocción se realiza en un extrusor que consta de un tornillo sin fin cubierto por un sistema acondicionado para regular la temperatura. El tornillo transporta la mezcla a lo largo del tubo por un tiempo predeterminado para lograr su cocción.

Las principales ventajas de este proceso son, por un lado, que el grano no tiene que ser cocido antes de la extrusión, con el consecuente ahorro de agua, y por el otro, que el grano es molido en forma integral, por lo que la harina resultante conserva la mayoría de los nutrientes presentes en el pericarpio. La calidad de las tortillas preparadas con maíz extrudido desde un punto de vista sensorial, así como en el contenido de lisina y triptófano, es comparable a las tortillas de maíz cocido en forma tradicional. Además, no se detectaron diferencias apreciables en el contenido de calcio entre ambos productos.

Otra alternativa que puede ser utilizada para evitar el alto consumo de agua y los problemas de contaminación es el proceso denominado micronización. Con este tratamiento se produjo harina de amaranto para tortilla. Básicamente el grano fue acondicionado por aspersión con una solución de cal al 0.3%. Posteriormente, los granos fueron transportados a través de un tambor giratorio para ser micronizados con radiación infrarroja producida por generadores específicos. Los tambores giratorios son calentados por quemadores múltiples de gas. En este proceso el control de la temperatura, la humedad del grano y el tiempo de exposición de los granos a la radiación son claves. Como resultado, se obtuvo una harina con un bajo contenido de humedad que prolongó su vida de anaquel.

Además, las características funcionales de la masa permitieron producir tortillas de buena calidad. Por lo tanto, la micronización de maíz puede ser una tecnología promisoria para la producción de harina. Las tortillas de maíz micronizado presentan una textura y capacidad de enrollamiento similar a las tortillas elaboradas con harina comercial. Sin embargo, la cal añadida al maíz antes de la micronización incrementó el color amarillo y el pH, además de afectar el sabor y causar un ligero oscurecimiento. No obstante que las tortillas tuvieron buena aceptación, la tecnología no ha sido adoptada.

El empleo de radiación infrarroja para el cocimiento, a partir de harina cruda, parece que es un procedimiento con una alta factibilidad técnico-económica. Es de esperar que estas tecnologías puedan aplicarse en forma industrial a la producción de harina de maíz; sin embargo, se requerirán más estudios para demostrar la viabilidad y bondad de estos procesos.

II.8.4 Micotoxinas

Las micotoxinas son producidas por hongos capaces de crecer en alimentos como las frutas secas y en diferentes granos como el frijol, sorgo, oleaginosas y maíz. Al menos existen tres tipos de hongos que producen este tipo de sustancias, *Aspergillus flavus*, *A. parasiticus* y *A. nomius*. Las producidas por *A. flavus* se denominan *aflatoxinas*. Uno de los problemas asociados a la presencia de aflatoxinas en los alimentos es que son capaces de producir reacciones tóxicas, cáncer hepático e incluso la muerte.

Por ejemplo, se ha observado que el consumo de 0.5-10 miligramos de aflatoxina B1 (la más tóxica) por kilogramo de alimento es suficiente para provocar cáncer en el hígado de ratas; también se ha visto que una dieta con 1 miligramo de esta aflatoxina suministrada por 34 días provoca la muerte de monos. El efecto que estas toxinas tienen sobre los seres humanos no ha sido demostrado exhaustivamente; sin embargo, existe una correlación positiva entre el consumo de alimentos contaminados con aflatoxinas y la frecuencia del cáncer hepático en Asia y África.

Debido al alto consumo de maíz en México y en otros países de América Latina, el riesgo potencial de ingerir toxinas fúngicas podría ser alto. Esto ha motivado a realizar investigaciones para estudiar el efecto de la nixtamalización sobre las aflatoxinas presentes en el maíz que se utiliza para la producción de tortilla. En México se reportó por primera vez el efecto que tiene la nixtamalización sobre la presencia de aflatoxinas. Gracias a este proceso, no menos del 40% de las aflatoxinas se pierden en el nejayote, mientras que el resto permanece en el grano nixtamalizado. Otros estudios han reportado que la nixtamalización elimina 50-75% de las aflatoxinas presentes en el maíz, y otros mencionan que la remoción es de 97 a 100%. Los resultados deben tomarse con cuidado ya que dependen en gran parte de la metodología experimental utilizada.

También se ha establecido la hipótesis de que las aflatoxinas remanentes en la masa podrían estar unidas a algunos aminoácidos liberados durante el procesamiento, lo que provoca que la naturaleza química de estos compuestos se modifique y que por lo tanto también se modifique su toxicidad y capacidad mutagénica. Lo cierto es que la nixtamalización ayuda muy notablemente a la disminución de este tipo de toxinas en el producto final.

Por otro lado, también se han realizado esfuerzos para conocer el estado actual de la presencia de aflatoxinas en el grano de maíz en México. Dependiendo del año de la cosecha, se ha encontrado que la incidencia de estos tóxicos puede ser de tan sólo el 10% de las muestras provenientes de ciertas regiones, hasta el 100% de las muestras analizadas. Esta situación ha promovido los esfuerzos para monitorear la presencia de aflatoxinas en el país.

Durante 1994 y 1995 se realizaron varios estudios en las regiones de el Bajío mexicano para conocer la presencia de los hongos productores de aflatoxinas. Se analizaron los suelos donde se siembra maíz bajo riego y temporal; también se analizaron muestras de maíz recién cosechado, de rastrojo y de maíz almacenado. Sorprendentemente, A. *flavus* sólo representó entre el 1% y el 5% de la población fúngica total, lo que demostraba la baja incidencia de este peligroso hongo en dicha zona.

En vista de que existen datos que indican que la contaminación de maíz por aflatoxinas es un problema en México, y por lo tanto un riesgo potencial para la salud, es evidente la necesidad de establecer programas para el monitoreo constante de la presencia de estos tóxicos.

No obstante, como se señaló antes, es también importante tener presente que el proceso de nixtamalización parece ser un método efectivo para reducir los niveles de aflatoxinas en el maíz. Finalmente, es pertinente resaltar que en la actualidad se están desarrollando procesos alternativos al método tradicional de la nixtamalización y que por lo tanto se desconocen los efectos, si algunos, que este tipo de adecuaciones podrían tener sobre la presencia de aflatoxinas en el maíz.

II.9 Consideraciones finales

Los beneficios físicos, nutrimentales y sensoriales que se derivan de la nixtamalización son suficientes como para sugerir que éstas fueron las razones para su implantación y uso. Los habitantes de las antiguas civilizaciones mesoamericanas probablemente no entendieron los mecanismos responsables de dichos efectos o, si lo hicieron, nunca lo sabremos con certeza; sin embargo, fueron capaces de observar los efectos adversos si el maíz no se sometía al proceso de la cocción alcalina antes de producir tortillas y otros productos derivados de este cereal. Así, estas grandes culturas que todavía nos continúan impresionando generaron uno más de los alimentos mágicos que formaban parte de su dieta.

Por otro lado, se sabe que el consumo de harina de trigo refinada está ampliamente extendido en los países desarrollados. Este hábito de consumo tiende a establecerse en aquellos países en vías de desarrollo conforme la urbanización y el ingreso aumentan. Sin embargo, existen varias ventajas que favorecen al maíz nixtamalizado sobre la harina de trigo. La calidad de la proteína de mezclas de harina de maíz y de trigo disminuye conforme la proporción de esta última aumenta. Otros estudios han demostrado que las tortillas presentan una calidad de proteína mejor que la del pan blanco.

A pesar de la belleza de las transformaciones que ocurren durante la nixtamalización —analizadas brevemente en esta publicación—, está claro que se requiere complementar los productos alimenticios de esta tecnología con otros, como el frijol, frutas y otros vegetales.

En cualquier caso, las sociedades con bajos ingresos de nuestro país que están dejando de consumir tortilla por un entendimiento equivocado de estatus social, o aun aquellas de altos ingresos con igual comportamiento, deberían entender que el consumo de tortilla incrementa el consumo de fibra y de otros importantes nutrientes en comparación con productos de harinas de trigo refinadas como el pan blanco. El renunciar por ignorancia, o por otros factores, a este alimento mágico conduce a dejar de lado los enormes beneficios nutracéuticos (nutrimentales y medicinales, y que por razones de espacio no es posible analizar exhaustivamente) que conlleva su consumo.

II.10 Bibliografía

Bello-Pérez, L. A., J. Solorza-Feria y O. Paredes-López (2002), "Tortillas bajas en calorías: ¿una alternativa nutricional?", *Memoria de Investigación 2002*, CEPROBI-IPN, 147-152.

Bressani, R. (1990), "Chemistry, technology and nutritive value of maize tortillas", *Food Reviews International* 6 (2) : 225-264.

Guzmán-Maldonado, S. H., y O. Paredes-López (1999), "Biotechnology for the improvement of nutritional quality of food crop plants", en O. Paredes-López (coord.), *Molecular Biotechnology for Plant Food Production*, CRC Press, Boca Raton, pp. 553-620.

Paredes-López, O., y M. E. Saharópulos-Paredes (1983), "Maize —A review of tortilla production technology", *Bakers Digest* 13 : 16-25.

Rascón-Cruz, Q., Y. Bohorova, J. Osuna-Castro y O. Paredes-López (2004), "Accumulation, assembly and digestibility of amarantin expressed in transgenic tropical maize", *Theoretical and Applied Genetics* **108** (2) : 335-342.

Serna-Saldívar, S. O., M. H. Gómez y L. W. Rooney (1990), "Technology, chemistry, and nutritional value of alkaline-cooked corn products", en Y. Pomeranz (coord.), *Advances in Cereal Science and Technology,* vol. x, AACC, pp. 243-307.

III. Frijol

III.1 INTRODUCCIÓN

EN UNA BUENA PARTE de América Latina, el cultivo del frijol, junto con el del maíz, representa toda una tradición productiva y de consumo, cumpliendo diversas funciones de carácter alimentario y socioeconómico que le han permitido trascender hasta la actualidad. Su presencia a lo largo de la historia lo han convertido no sólo en un alimento tradicional, sino también en un aspecto de identificación cultural. Se trata de uno de los cultivos de mayor importancia, ya que representa para la economía de los productores una fuente importante de ocupación e ingreso, a la vez que es una garantía de seguridad alimentaria. En México, la producción de frijol se destina en forma directa al consumo humano, representando una de las principales fuentes de proteína para amplios sectores de la población mexicana. Asimismo, su consumo es generalizado entre la población de ingresos bajos, medios y hasta superiores. Por esto, la importancia de este grano en la dieta actual del país sigue siendo fundamental. En el ámbito mundial, México se encuentra entre los cinco principales productores de frijol conjuntamente con la India, Brasil, China y los Estados Unidos de América, países que en total aportan el 63% de la producción mundial. México contribuye con el 7% en promedio de las cosechas mundiales.

Con respecto a la demanda del grano en México, durante la década de los noventa se estimó que el 89% se canalizó al consumo humano, el 9% se utilizó como semilla y el resto fueron mermas. A finales del siglo XX, en México se consumieron cerca de 2.2 millones de toneladas, destinándose el 41% de la producción al abastecimiento de la población rural; el restante 59% se empleó para satisfacer el consumo de la población urbana.

El frijol negro es consumido solamente en algunas regiones, principalmente en el sur y en el centro del territorio. La suavidad para la cocción y el contenido de proteína son características importantes para el mejoramiento de frijol, entre otros aspectos. El usuario desea un frijol de hidratación rápida, de bajo tiempo de cocción, que produzca un caldo con buena apariencia, sabor y textura, y con semilla de cáscara delgada.

Tradicionalmente, el mejoramiento del cultivo de frijol ha estado enfocado principalmente a desarrollar variedades con alto rendimiento y resistencia a patógenos. Sin embargo, la demanda por los consumidores ha motivado el desarrollo de variedades con mejor calidad nutricional y de cocción. La existencia de variabilidad genética para características como el tiempo de cocción, la capacidad de absorción de agua (factor que en algunos casos es indicador del tiempo de cocción), el contenido de proteína y almidón de la semilla en las diferentes variedades de frijol sugiere que por medio del mejoramiento genético es posible obtener frijol con la calidad deseada.

III.2 Origen del cultivo y materiales genéticos

Antes de avanzar en esta sección, es necesario informarle al lector cómo se fue dando la domesticación y las consecuencias que trajo esta actividad en lo que se refiere a la diversificación o especiación (aparición de diferentes especies) del género *Phaseolus* (véase la figura III.1), al que pertenece el frijol común *(P. vulgaris)*.

En primer lugar existen dudas acerca de cuál es el lugar o centro de origen del frijol. Se ha postulado la hipótesis que establece

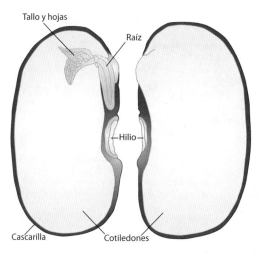

FIGURA III.1. *Principales partes estructurales del grano de frijol*

tres centros de origen y domesticación (figura III.2): *1)* Sur de los Andes (que abarca desde el sur de Perú hasta San Luis, Argentina) con menor especiación y transferencia temprana de materiales hacia los otros dos centros donde se efectuó una especiación más activa; *2)* Norte de los Andes (desde el occidente de Venezuela hasta el norte de Perú), lugar en que se llevó a cabo cierta especiación que posteriormente dio origen a dos distribuciones desproporcionadas: una hacia Mesoamérica y otra hacia el sur de los Andes; y *3)* Mesoamérica (región limitada por los valles de los ríos Pánuco y Santiago en México, hasta el norte de Costa Rica) en donde se llevó a cabo una elevada especiación.

Sin embargo, generalmente se acepta que el principal centro de origen del género *Phaseolus* fue Mesoamérica, específicamente México, y que de ahí se difundieron algunas especies hacia el sur del continente. Este planteamiento responde al hecho de que en México se han identificado 47 de las 60 especies clasificadas en este género (el número total de especies no se conoce todavía), además de que en este país se han identificado los antepasados silvestres verdaderos de las cinco especies cultivadas del *P. vulgaris* o frijol común, *P. acutifolius* o frijol tépari, *P. lunatus* o frijol lima, *P. coccineus* o frijol escarlata y

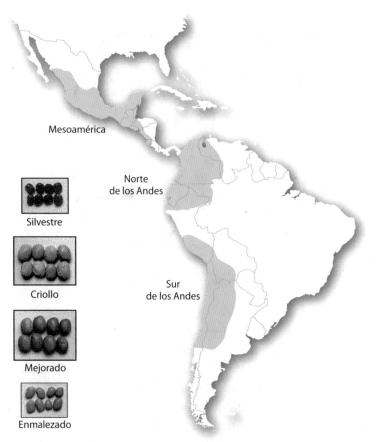

FIGURA III.2. *Principales centros de origen y materiales del frijol común*

P. *polyanthus* o frijol anual, lo que no ha sucedido en Centro y Sudamérica (figura III.3). Más aún, todo hace suponer que la domesticación del frijol común con cierto tipo de proteína se llevó a cabo en el occidente de México, específicamente en los estados de Jalisco y Guanajuato. El hecho de que el 30% del frijol común que se encuentra en el banco de germoplasma del Centro Internacional de Agricultura Tropical (CIAT), en Colombia, en su mayoría es de origen mexicano, en comparación con el de la región andina (20%), Europa (15%) y África (10%), demuestra la importancia que tiene México como fuente de diversidad genética (figura III.3).

CENTRO DE ORIGEN ESPECÍFICO
* Mesoamericano
* Andino

MÉXICO, CENTRO PRINCIPAL
* Identificadas 47 de 60 especies
* Antepasados silvestres de las cinco especies cultivadas
* Posible origen de domesticación: occidente y centro de México

PRINCIPALES COLECCIONES DE *PHASEOLUS VULGARIS*
* CIAT: ~ 36 000 cultivados/criollos
    ~ 500 ancestros silvestres
* INIFAP: ~ 12 000 cultivados/criollos
    ? antepasados silvestres
* USDA: ~ 11 000 cultivados/criollos

PÉRDIDAS ESTIMADAS
* Varias docenas de materiales silvestres al año
* Todos los criollos del noroeste de México
    fueron desplazados por variedades mejoradas

EXISTENCIA TOTAL ESTIMADA DE *P. VULGARIS*
* Cultivados/criollos ~ 56 000
* Ancestros silvestres ~ 5 000

EROSIÓN GENÉTICA
* Cambios ecológicos
* Urbanización
* Criollos sustituidos por variedades modernas

FIGURA III.3. *Biodiversidad del frijol común en peligro*

Como resultado de la recolección y del estudio del frijol silvestre (figura III.2) tanto en Mesoamérica como en los Andes, estos materiales se han clasificado en dos variedades diferentes: *P. vulgaris* var. aborigineus, material proveniente de los Andes y *P. vulgaris* var. mexicanus, frijol proveniente de México. Además del frijol silvestre, existe otro tipo de frijol conocido como enmalezado (figura III.2), que es el producto de la cruza entre frijol silvestre y frijol criollo o entre frijol silvestre y frijol mejorado. El frijol criollo (figura III.2) es un tipo de grano que históricamente ha sido sembrado por los campesinos en forma local y para autoconsumo. En el caso del frijol mejorado (figura III.2), éste corresponde a las modernas variedades generadas por los programas de mejoramiento genético de esta leguminosa.

El frijol silvestre contemporáneo es el material a partir del cual se domesticaron las formas modernas del frijol común. Además, con el descubrimiento de características importantes del frijol silvestre se llegó a la conclusión de que muchas de estas formas silvestres no fueron domesticadas.

Un hallazgo importante de esto fue que en la década de los ochenta se reportó la presencia de una proteína que confería resistencia al frijol silvestre contra el ataque del gorgojo, principal plaga de este grano durante el almacenamiento. Esa proteína recibió el nombre de arcelina en vista de que el material silvestre que la contenía fue recolectado en el municipio de Arcelia, en el estado de Guerrero, México. Estudios posteriores sobre las proteínas del frijol silvestre y del enmalezado han identificado siete tipos de arcelina con diferente actividad insecticida; además se ha demostrado que dicha proteína sólo está presente en algunos frijoles silvestres y enmalezados, y ausente en los frijoles criollos y mejorados.

Recientemente se estudiaron en nuestro grupo más de 100 colectas nuevas de frijoles silvestres y enmalezados, obtenidas de diferentes localidades del estado de Durango, México, en colaboración con el Instituto Nacional de Investigaciones Forestales, Agrícolas y Pecuarias (INIFAP) de México. Se encontró que los frijoles silvestres y enmalezados tienen, en general, mayor contenido de proteína que los frijoles criollos y mejorados. Lo mismo se presentó en relación con el contenido de minerales como hierro, magnesio, fósforo y calcio. De manera muy interesante, al ser analizados algunos frijoles enmalezados de Durango, éstos presentaron de cinco a diez veces más hierro que los frijoles mejorados. A la fecha no se sabe si la capacidad de fijar hierro es una característica genética o si es por efecto del medio ambiente, como puede ser la tierra para el cultivo, ya que hasta ahora no se ha hecho mejoramiento genético en ningún lugar del mundo para incrementar el contenido de este mineral.

Además, es necesario continuar los estudios sobre la diversidad genética del frijol, que, entre otras cosas, permitiría tener criterios más precisos en la toma de decisiones sobre su rescate y conservación. Estos estudios se deben basar en el uso de técnicas de biología molecular con la finalidad de encontrar alguna relación genética entre los materiales recolectados en una misma región o en diferentes regiones del país.

También permitirían buscar características agronómicas y alimentarias deseables en los frijoles silvestres y enmalezados, para ver la factibilidad de recuperar alguna característica de interés de estos materiales y poder transferirla a frijoles mejorados. Ejemplos de dichos rasgos son la resistencia a una plaga, un mejor contenido y calidad de proteína, un frijol que se cueza en corto tiempo, entre otras más.

III.3 BIODIVERSIDAD, EROSIÓN Y CONSERVACIÓN GENÉTICA

Se ha podido observar que la diversidad genética del frijol es muy amplia (figura III.4), pero ¿cómo conservarla? Existen dos estrategias de conservación, una de ellas es *in situ*, es decir, conservando el frijol en el sitio geográfico de donde es originario. Esta estrategia sería posible para el frijol criollo, siempre y cuando los campesinos continuaran sembrando este tipo de frijol. Sin embargo, el desplazamiento de estos materiales por variedades de frijol genéticamente mejoradas o por otros cultivos más redituables, más la diversificación de la tierra para otros usos diferentes a la agricultura, pronostica poco éxito para su conservación mediante esta estrategia. Por otro lado, existe la problemática del frijol silvestre y enmalezado, cuya conservación *in situ* es más que imposible a causa de la gran diversidad existente y también porque este tipo de frijol normalmente se localiza en regiones de difícil acceso.

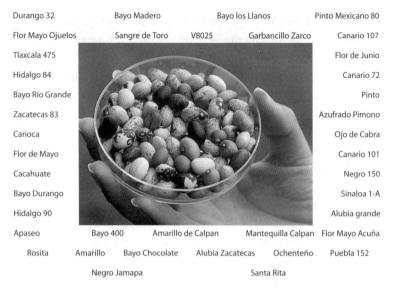

Durango 32	Bayo Madero		Bayo los Llanos		Pinto Mexicano 80
Flor Mayo Ojuelos	Sangre de Toro	V8025		Garbancillo Zarco	Canario 107
Tlaxcala 475					Flor de Junio
Hidalgo 84					Canario 72
Bayo Río Grande					Pinto
Zacatecas 83					Azufrado Pimono
Carioca					Ojo de Cabra
Flor de Mayo					Canario 101
Cacahuate					Negro 150
Bayo Durango					Sinaloa 1-A
Hidalgo 90					Alubia grande
Apaseo	Bayo 400	Amarillo de Calpan		Mantequilla Calpan	Flor Mayo Acuña
Rosita	Amarillo	Bayo Chocolate	Alubia Zacatecas	Ochenteño	Puebla 152
	Negro Jamapa			Santa Rita	

FIGURA III.4. *Diversidad del frijol común*

Sin embargo, para que el frijol silvestre continúe evolucionando es necesario permitir que sigan operando, sobre poblaciones suficientemente abundantes, fuerzas evolutivas tales como la hibridación, la mutación y la derivación, lo que se logra solamente con la identificación, la protección y el control de las áreas *in situ*. Esta situación plantea la disyuntiva de decidir hasta dónde debemos olvidar este tipo de conservación. Es importante señalar que algunos caracteres de interés agronómico existen como atributos en algunos individuos, y no en todos los individuos, de una población silvestre.

La otra estrategia es la conservación *ex situ*, es decir, recolectando materiales de frijol en las áreas geográficas de origen para almacenarlos en bancos de semillas. En vista de que la conservación *in situ* parece ser una tarea con pocas probabilidades de éxito, la conservación *ex situ* de la variabilidad genética del frijol se ofrece como la solución más adecuada. La principal meta de este último tipo de conservación consiste en mantener tantas muestras como sea posible, y que éstas representen la variabilidad de esta leguminosa tanto como lo permitan los recursos. Desde luego, se debe dar prioridad a aquellos materiales amenazados por la extinción, la erosión genética o el desplazamiento, que evitará la pérdida irreversible de materiales cuyo potencial genético aún se desconoce.

Cabe mencionar que también se requiere de recursos humanos y económicos para mantener un programa exitoso de conservación *ex situ* de frijol. Este trabajo implica llevar a cabo encuestas con el fin de tener una idea general de la distribución y la localización geográfica del frijol, actividad que tiene tareas aparejadas como la exploración y la recolección del frijol *in situ*.

Otro tipo de actividades que necesitan recursos humanos y económicos son sin duda el mantenimiento, la multiplicación y el rejuvenecimiento de los materiales almacenados. Es así como se han generado las colecciones de germoplasma de frijol común más grandes en el mundo en el CIAT en Colombia, en el INIFAP en México y en el Departamento de Agricultura de los Estados Unidos (USDA) (figura III.3, p. 63).

Una encuesta realizada por la Fundación Rockefeller a finales de los ochentas da una buena idea del estado que guarda la preservación y conservación del frijol común. Este estudio indica que aproximadamente 60 000 a 65 000 colectas del género *Phaseolus* están depositadas en los bancos de germoplasma de todo el mundo; de éstas, más del 90% son muestras de frijol común *(Phaseolus vulgaris)*. Además, la encuesta reveló que sólo se había recolectado de 50 a 75% de la variabilidad existente de materiales criollos y mejorados. La representatividad del frijol común silvestre y enmalezado era aún más grave; se estimó que de 70 a 90% de la variabilidad disponible de estos tipos de frijol aún permanece en el campo.

Varios casos de estudio pueden dar un panorama de la problemática de la biodiversidad en que se encuentra el frijol silvestre, el enmalezado y el criollo. Si bien es cierto que algunas especies de *Phaseolus* pueden resistir cierto grado de erosión del entorno donde crecen, otras especies van desapareciendo con la vegetación original. Tal es el caso de las especies *P. chiapasanus* y *P. xolocotzii* D., ambas de origen mexicano, las cuales hace años que no crecen en México. Otro caso fue el intento fallido de recolectar materiales de *P. coccineus* (mejor conocido en el estado de Morelos como frijol ayocote), que era fácilmente identificado en las regiones del Valle de México que hoy están densamente pobladas, y *P. polymorphus,* que había sido colectado en la ciudad de San Luis Potosí.

La erosión genética del frijol en el estado de Sinaloa, en donde todo el frijol que se siembra corresponde a variedades mejoradas, ha provocado el desplazamiento total de los materiales criollos y por lo tanto la pérdida, en algunos casos irreversible, de esta riqueza genética. El abuso de herbicidas en Chiapas es la causa de la pérdida de un número creciente y preocupante de materiales de frijol silvestre y enmalezado. Esto permite concluir que es muy posible que muchas especies, incluso no identificadas, y muchos materiales de especies ya conocidas estén en una situación de claro peligro o que ya hayan desaparecido. Estimaciones recientes permiten suponer que en México se pierden varias docenas de materiales de frijol silvestre, enmalezado y criollo cada año.

México es el principal centro de origen y domesticación del frijol común. En su suelo es posible encontrar frijol silvestre, enmalezado y criollo desde el norte del país, en Chihuahua, hasta el sur en Chiapas. Esto hace de México el reservorio genético y la fuente de diversidad más importante del mundo. Por otro lado, hay una pérdida irreversible y constante de material, y es altamente probable que en estos momentos se esté perdiendo diversidad genética que jamás se podrá recuperar, particularmente en lo que concierne al frijol silvestre y al criollo (figura III.3, p. 63). Desafortunadamente, la recolección de este tipo de frijol no ha recibido la debida atención por parte de los organismos oficiales en cuestión y mucho menos de instituciones privadas. Además, el frijol silvestre y el criollo no han estado presentes en la atención de la sociedad en general, principalmente por el desconocimiento de su existencia, y como consecuencia también de la poca educación que se tiene en estos menesteres. Lo anterior indica que estos tipos de frijoles, que han evolucionado a lo largo de siglos, son prácticamente vulnerables en cuanto a su conservación.

La importancia de la variación genética de los frijoles radica también en las características químicas que presenten los granos, ya que estudios realizados han demostrado que dependiendo del material genético, componentes como los taninos, lectinas y ácido fítico, entre otros, se encuentran en mayor o menor concentración, lo cual tiene repercusiones en los efectos benéficos a la salud.

III.4 Fenómeno de endurecimiento a la cocción

Uno de los problemas tecnológicos importantes es el endurecimiento del frijol; éste ocasiona que se pierdan cada año cantidades apreciables del grano debido a que las amas de casa no lo prefieren, ya que necesita un tiempo de cocimiento más largo, ocasionando que las características de sabor, olor y textura se vean afectadas, aunado a que se consume mayor cantidad de combustible.

El fenómeno de endurecimiento del frijol ha sido estudiado en varias instituciones del mundo, incluidas algunas en México. Se han hecho revisiones bastante amplias de lo publicado sobre este fenómeno, mencionando los mecanismos bioquímicos y fisicoquímicos involucrados en este problema y algunas soluciones tecnológicas, como son el remojo en soluciones salinas por diferentes tiempos o como podría ser el cocimiento en olla exprés (de presión).

Pero, ¿por qué se da el endurecimiento del frijol? Una vez que el frijol es cosechado, es secado para conservar el grano durante más tiempo y para que pueda ser comercializado. Sin embargo, durante su almacenamiento en las bodegas o silos no se controlan las condiciones de humedad y temperatura. Estas variables ocasionan que en la cascarilla y en los cotiledones se formen compuestos, como los pectatos, que provocan la formación de una estructura rígida, similar al cemento, lo que hace que, cuando este frijol va a ser cocinado, se necesite mayor tiempo para romper o desintegrar dicha estructura y se pueda ablandar el grano.

Se han buscado alternativas tecnológicas para utilizar el frijol endurecido como es la elaboración de harinas mediante extrusión o, como se mencionaba anteriormente, el remojo en ciertas soluciones que reducen el tiempo de cocimiento. Sin embargo, la tarea no es fácil, ya que los industriales, los distribuidores o comerciantes, así como las amas de casa no aceptan este tipo de frijol, por lo que muchas veces tiene que utilizarse para alimentar animales o se baja el precio de venta, o se regala en comunidades pobres, las cuales en su mayoría utilizan leña como combustible, lo cual no afecta en forma importante su economía, pero sí el entorno ecológico.

Por otro lado, desde el punto de vista nutricional se han reportado efectos altamente desfavorables al consumir frijol endurecido, como es, entre otros, la disminución notable de la biodisponibilidad de aminoácidos esenciales. También, un frijol endurecido que se cocina durante mayor tiempo pudiera estar sufriendo cambios importantes en el almidón; un calentamiento prolongado debe ocasionar que se libere mayor cantidad de amilosa y que la amilopectina sufra mayor degradación, con la consecuente producción de cadenas más cortas; éstas tendrían mayor tendencia hacia la retrogradación y por lo tanto a la generación de mayor cantidad de almidón resistente, con los beneficios a la salud descritos anteriormente (p. 39).

Por todo ello es necesario llevar a cabo estudios más profundos para conocer mejor el mensaje energético y de salud de los frijoles con diversos niveles de endurecimiento que se consumen usualmente.

III.5 Aporte nutricional y nutracéutico

III.5.1 Proteínas

El frijol común es una de las fuentes más importantes de proteína, calorías y micronutrientes para la dieta de los latinoamericanos (cuadro III.1, pp. 72-73). El porcentaje de proteínas en cultivos de frijol común comercial presenta un intervalo de valores de 14 a 33%. La variación del porcentaje de proteínas no sólo depende de los genes que controlan la síntesis y acumulación de proteínas específicas, sino también de genes que controlan otros factores, tales como la adquisición de nutrientes, maduración, producción y tamaño de la semilla, y la síntesis y acumulación de almidón y de otros compuestos en la misma semilla. Además, también los factores ambientales, tales como la localización geográfica y el tiempo de cosecha, pueden influir en el contenido de proteínas en el frijol.

La proteína del frijol común se caracteriza por su deficiencia en aminoácidos azufrados y triptófano. Los estudios se han concentrado en estos aminoácidos, especialmente en la metionina y la cisteína, ya que son los aminoácidos limitantes por excelencia. La baja disponibilidad de cisteína en los frijoles coloridos cocinados ha sido relacionada parcialmente con su alto contenido de polifenoles; estos compuestos, en particular durante los tratamientos térmicos, pueden reaccionar con la proteína haciendo a la cisteína biológicamente indisponible. Ya que la lisina es el principal aminoácido esencial deficiente en la mayoría de las proteínas de plantas, es probable que la importancia de las leguminosas tales como el frijol común haya sido subestimada hasta ahora.

Aunque los cereales aportan casi el 50% de la proteína en la dieta humana en el mundo, su pobre balance de aminoácidos requiere de una proteína complementaria para una nutrición óptima. Una de las características benéficas más importantes de la proteína del frijol común es su extraordinario nivel de lisina. Dichos niveles satisfacen los requerimientos actuales para un adulto y los requerimientos para los niños en relación con el patrón de referencia de la Organización Mundial de la Salud y de la Organización de las Naciones Unidas para la Agricultura y la Alimentación. Además, la lisina es un factor importante en ciertas condiciones de enfermedad. Por ejemplo, cuando la función del hígado se ve impedida, también puede verse impedida la síntesis de carnitina. La carnitina es sintetizada en el hígado a partir de la lisina y la metionina. Todos los ácidos grasos de cadena larga tomados en la dieta deben ser transportados a las mitocondrias por medio de la ruta de la carnitina antes de poder ser oxidadas para producir energía.

Las proteínas del frijol común son de valor nutricional relativamente bajo a menos que se sometan a tratamientos térmicos. Los valores de relación de eficiencia proteínica van de 0.7 a 1.5 en una escala

CUADRO III.1. *Indicadores químicos y nutrimentales del frijol común*

Indicadores	Contenido		Requerimientos mínimos diarios (adulto)
COMPOSICIÓN QUÍMICA (porcentaje)			
Proteína	14	– 33	
Lípidos	1.5	– 6.2	
Fibra total	14	– 19	
Insoluble	10.1	– 13.4	
Soluble	3.1	– 7.6	
Cenizas	2.9	– 4.5	
Carbohidratos	52	– 76	
CALIDAD DE PROTEÍNA			
Digestibilidad (porcentaje)	52	– 75	
Relación de eficiencia proteínica	0.7	– 1.5	
AMINOÁCIDOS ESENCIALES (g/100 gproteína)			
Fenilalanina + Tirosina	5.3	– 8.2	6.3
Isoleucina	2.8	– 5.8	2.8
Leucina	4.9	– 9.9	6.6
Lisina	6.4	– 7.6	5.8
Metionina + Cisteína	1.2	– 1.5	2.5
Treonina	4.4	– 7.0	3.4

Triptófano	—		1.1
Valina	4.5 – 6.7		3.5
VITAMINAS (mg/100g)			
Tiamina (B1)	0.86 – 1.14		1.5
Riboflavina (B2)	0.14 – 0.27		2.2
Niacina (B3)	1.16 – 2.68		0.019
Piridoxina (B6)	0.34 – 0.64		2.0
Acido fólico	0.17 – 0.58		0.5
MINERALES (mg/100g)			
Calcio	9 – 200	800	1000
Cobre	0.7 – 1.2		
Fósforo	460	800	1000
Hierro	3.8 – 7.6	–	15
Magnesio	200	300	400
Zinc	2.2 – 4.4	–	15
OTROS COMPONENTES			
Taninos (mgeq.cat./g)[a]	9.6 – 131.4		
Inhibidores de tripsina (UIT/mg)[b]	13 – 29		
Acido fítico (porcentaje)	0.6 – 2.7		

[a] Miligramos de equivalentes de catequina por gramo.
[b] Unidades de inhibición de tripsina por miligramo.

de 0 a 2.5, mientras que la digestibilidad proteínica es de 52 a 75%, dependiendo de la variedad de frijol.

III.5.2 Lípidos

El frijol común contiene de 1.5 a 6.2% de lípidos dependiendo de la variedad. El contenido total de lípidos también puede variar dependiendo de la localización, clima, condiciones ambientales y el tipo de suelo en el cual crecen. Los lípidos neutros son la clase predominante y están constituidos principalmente por triglicéridos, junto con pequeñas cantidades de ácidos grasos libres, esteroles y ésteres de esteroles. Los lípidos del frijol tienen una gran variedad de ácidos grasos y, en particular, niveles sustanciales de ácidos grasos insaturados como el oleico (7-10%), linoleico (21-28%), y linolénico (37-54%). También se encuentran los ácidos grasos saturados, siendo el principal el ácido palmítico con rangos de 10 a 15% del total.

Los ácidos grasos poliinsaturados tales como el linoleico y el linolénico no pueden ser sintetizados por animales y humanos, por lo que son requeridos para un crecimiento normal de la estructura celular, las funciones de los tejidos y en la síntesis de prostaglandinas. Por ello deben ser consumidos en la dieta. El efecto hipocolesterolémico del frijol común en ratas ha sido atribuido en parte a los altos niveles de ácidos grasos poliinsaturados. Estos ácidos grasos pueden servir también como sustitutos de medicamentos antiinflamatorios, para el tratamiento de la artritis reumatoide, y también pueden tener propiedades inmunoestimulatorias.

III.5.3 Carbohidratos:
almidón, fibra dietaria y otros

Los carbohidratos constituyen del 52 al 76% del peso seco de la semilla del frijol común, contribuyendo el almidón con el 35 al 60% de dicho peso seco. La fibra dietaria, constituida por polisacáridos indigestibles como las sustancias pécticas, arabinogalactanos y xiloglucanos, es otro de los componentes extraordinarios del frijol común. La

CUADRO III.2. *Contenido de fibra dietaria en variedades de frijol común* (Phaseolus vulgaris *L.*)

Variedad	Fibra dietaria[a]		
	Insoluble	Soluble	Total
Blanco			
crudo	13.1	5.1	18.2
cocinado	20.5	4.2	24.7
Negro cocinado	22.6	4.2	26.8
Pinto crudo	13.0	5.8	18.8
Rojo cocinado	22.9	3.1	26.0
Tamazulapa negro			
crudo	10.4	6.4	16.8
cocinado	16.8	5.8	22.6
Tórtola Diana crudo	11.9	4.1	16.0

[a] Porcentaje de base seca.

importancia de la fibra dietaria en la alimentación humana ha recibido mucha atención en años recientes por científicos y consumidores.

Existen numerosos beneficios para la salud asociados con el consumo adecuado de fibra dietaria, entre los cuales podemos mencionar la disminución de colesterol en la sangre, reducción del riesgo de enfermedades cardiovasculares, incremento del volumen fecal, reducción del riesgo de cáncer de colon y beneficios especiales para los diabéticos. Las semillas de las leguminosas contienen más fibra dietaria que los cereales; esta fibra en frijol común de ciertas variedades puede cambiar de 16-19% crudo y 23-27% cocinado (cuadro III.2).

La fibra dietaria soluble es particularmente eficiente para disminuir los niveles de colesterol en la sangre; además se la ha relacionado también con la prevención de problemas cardiovasculares y en la reducción del cáncer de colon (véase el cuadro II.4, p. 35). Además, el frijol contiene niveles importantes de otros carbohidratos, como los oligosacáridos de la familia de la rafinosa (rafinosa, estaquiosa, verbascosa), que varían del 2 al 6% del peso seco de la semilla.

La influencia de los carbohidratos sobre la cocción de las semillas de leguminosas se debe principalmente a tres componentes: los gránulos de almidón, la pared celular y polisacáridos de la lamela media, y los componentes de la fibra dietaria. El cocimiento hace que la fibra soluble disminuya mientras que la fibra insoluble aumenta.

Recientemente los carbohidratos han recibido una gran atención, sobre todo en cuanto a la digestibilidad *in vivo* e *in vitro* del almidón en leguminosas y sus efectos fisiológicos sobre el metabolismo. Al almidón del frijol se le ha atribuido un efecto similar al de la fibra dietaria, ya que se ha demostrado que este tipo de almidón es más resistente a la hidrólisis por las enzimas digestivas, por lo que buena parte sigue su camino por el aparato digestivo, donde es fermentado por las bacterias del colon produciendo compuestos (ácidos grasos de cadena corta como el butírico, acético y propiónico) que están relacionados con una disminución del colesterol sanguíneo, con un mejor funcionamiento de las células del colon, así como también con bajas respuestas glicémica e insulinémica.

Vemos también que la variedad de frijol, el procesamiento y el almacenamiento tienen un papel importante en la digestibilidad del almidón. En variedades como Mayocoba, el grano es destruido en una gran proporción durante el cocimiento, rompiéndose la barrera física que presenta el cotiledón, por lo que la accesibilidad de las enzimas para la digestión del almidón es mayor; sin embargo, la estructura molecular del almidón parece influir significativamente en la lenta digestión del almidón presente en esta variedad.

Los frijoles industrializados, que son sometidos a procesos térmicos, como son el cocimiento y la esterilización —o, en el caso de los frijoles instantáneos en polvo, que son sometidos a cocimiento y secado—, se ven negativamente afectados en cuanto a su digestibilidad.

Por otro lado, no hay que perder de vista el efecto que se presenta por el manejo cotidiano del frijol cocinado por las amas de casa. En muchas ocasiones el frijol no se consume totalmente y es guardado en el refrigerador o, donde las condiciones climáticas lo permiten, sobre la mesa o la misma estufa. Estos procedimientos ocasionan que se formen estructuras en el almidón que evitan que sea degradado por las enzimas digestivas (o sea almidón resistente), con las consecuencias benéficas señaladas anteriormente (pp. 39 y 76; véase también la figura IV.2, p. 85).

III.5.4 *Vitaminas y minerales*

El frijol común crudo es una fuente relativamente buena de vitaminas solubles en agua, especialmente tiamina (0.9-1.1 miligramos/100 gramos), niacina (1.2-2.7 miligramos/100 gramos) y ácido fólico (0.2-0.6 miligramos/100 gramos). Los valores de retención de estos nutrientes durante el cocimiento varían de 70 a 76% dependiendo de la vitamina. Las deficiencias de vitaminas del complejo B conducen a la anemia megablástica, en la cual se ve impedida la maduración adecuada de las células de la sangre, lo que resulta en un bajo número de células rojas y en la liberación de un gran número de células inmaduras grandes y con núcleo (a diferencia de las células rojas que no tienen núcleo).

El frijol común puede contribuir con cantidades sustanciales de tiamina a la dieta, ya que una porción de 100 gramos contiene casi la cantidad diaria recomendada para niños y satisface plenamente la ingesta diaria de los adultos. Los síntomas de deficiencia de tiamina incluyen fatiga, irritabilidad, pérdida de peso, perturbaciones gastrointestinales y complicaciones cardiovasculares. El ácido fólico ha sido sugerido como un nutracéutico potencial y el frijol común es una fuente excelente del mismo; por ejemplo, una porción de 100 gramos puede satisfacer el requerimiento diario de ácido fólico tanto para adultos como para niños.

Actualmente se sabe que la deficiencia de ácido fólico durante el embarazo puede conducir a defectos del tubo neural (médula espinal), mientras que una deficiencia severa causa anemia megablástica; por ello en los Estados Unidos y otros países es obligatoria la adición de ácido fólico a algunos alimentos.

Por otra parte, el frijol es una buena fuente de calcio, fósforo, hierro, magnesio y zinc (cuadro III.1, pp. 72-73). Sin embargo, la presencia de compuestos como los taninos y el ácido fítico disminuye la biodisponibilidad de los minerales. De hecho, la deficiencia de metionina y cisteína presentada por el frijol puede agravar las deficiencias de hierro y zinc, ya que se ha demostrado que dichos aminoácidos desempeñan un papel importante en la asimilación de estos minerales.

No obstante que el contenido de calcio y magnesio en el frijol es menor al recomendado, éstos pueden contribuir en la prevención de osteoporosis y de cáncer de colon e hipertensión, y disminuir el riesgo de contraer problemas relacionados con el sistema vascular y disfunciones del cerebro, sobre todo porque esta leguminosa se consume junto con la tortilla, la cual también aporta este tipo de nutrientes.

III.5.5 Propiedades nutracéuticas y factores antinutricionales

También se ha señalado al frijol como un alimento nutracéutico o funcional, no sólo por sus características nutricionales sino también por el papel que algunos de sus componentes desempeñan en la promoción de la salud. Por ejemplo, la ingesta de proteínas de leguminosas ha sido asociada con una diversidad de enfermedades. Se ha visto que la administración de proteínas de soya reduce los niveles de colesterol asociado a lipoproteínas de baja densidad en humanos y en conejos. Además, dietas con suplementación de proteína de soya mejoran sensiblemente el perfil metabólico hormonal.

Existen reportes bien documentados que indican que los frijoles son efectivos para reducir los niveles de colesterol de la sangre. Este efecto ha sido relacionado con su contenido de fibra. Puede ser que el mecanismo sea similar al que se ha sugerido para la fibra dietaria y la proteína de soya, las cuales reducen el colesterol quizá mediante un efecto sinergístico.

Varios estudios han sugerido que la ingesta excesiva de proteína animal puede ser calciurética, o sea que hace que el calcio del organismo sea eliminado por la orina, y que las altas ingestas de proteína pueden ser parcialmente responsables de la alta incidencia de fracturas en los países occidentales. Desde este punto de vista, las proteínas de soya y frijol común son opciones excelentes para sustituir o disminuir la ingesta de proteínas animales, y por lo tanto para reducir el riesgo de fracturas.

Estudios recientes han mostrado que otros componentes del frijol pueden estar relacionados con la prevención y con la cura de algunas enfermedades del ser humano. Por ejemplo, la lisina —aminoácido presente en altos niveles en la proteína del frijol— favorece el funcionamiento del hígado cuando éste sufre algún tipo de daño, como cirrosis. Además, componentes químicos del frijol como son los polifenoles, que se encuentran en cantidades elevadas en la cáscara (cubierta de la semilla) del frijol, especialmente en los materiales pigmentados, son señalados como posibles agentes para combatir el cáncer y la arteriosclerosis.

Por otro lado, el magnesio, el calcio y el hierro también han sido identificados como nutracéuticos; por ejemplo, bajos niveles de magnesio en la sangre están relacionados con problemas de los vasos coronarios y en algunas disfunciones específicas del cerebro. El calcio no sólo está vinculado con la osteoporosis, sino también con el cáncer de colon y la hipertensión. Además, la deficiencia de hierro en la dieta de los habitantes de los países en desarrollo y su efecto negativo sobre la salud humana están bien documentados en la literatura especializada.

Algunos otros componentes importantes del frijol son los oligosacáridos, taninos, inhibidores de tripsina y el ácido fítico (cuadro III.1, pp. 72-73). La calidad nutricional del frijol puede ser mejorada mediante el remojo, la cocción, la germinación y la irradiación. Los efectos de dichos tratamientos varían con la variedad de frijol y, en general, todos ellos reducen en cierta medida los niveles de oligosacáridos y de los llamados factores antinutricionales del frijol. Sin embargo, la flatulencia asociada con el consumo de frijoles es a menudo considerada uno de los factores que limitan su consumo, especialmente en los países occidentales desarrollados. A pesar de los aspectos negativos asociados con los oligosacáridos rafinosa y estaquiosa (principales compuestos responsables de la flatulencia) del frijol común, estos compuestos pueden ejercer efectos benéficos, tales como prevenir la constipación, reducir el colesterol y la presión sanguínea, y tener efectos anticancerígenos.

De hecho, en Norteamérica actualmente se están recomendando dietas con más altos niveles de fibra dietaria, la cual incluye a dichos oligosacáridos. La presencia de un gran número de alimentos ricos en fibra en los supermercados, así como en los medios de comunicación, es una indicación de la conciencia que ha tomado el público en general sobre el tema de la fibra dietaria. En vista de esto, el potencial del frijol de generar flatulencia sería sólo un pequeño precio que hay que pagar por los grandes beneficios a la salud que conlleva su consumo.

Por otra parte, algunos componentes de los frijoles tales como los polifenoles y los taninos condensados no pueden ser eliminados completamente por el procesamiento. En frijoles de diversos colores (amarillos, cremas, rojos, pintos, negros y otros) se pueden encontrar altos niveles de polifenoles. Algunas de estas variedades coloridas son de hecho las preferidas en algunos países latinoamericanos. Las personas de estos países han desarrollado un gusto por los atributos sensoriales de los frijoles coloridos, al punto de que sólo consumen pequeñas cantidades de otros materiales de frijol. En el pasado, a los taninos se les consideró negativamente en vista de su capacidad de asociarse fuertemente a las proteínas, causando una disminución de su digestibilidad. Sin embargo, varios reportes recientes le han atribuido ciertas propiedades benéficas a dichos compuestos. Asimismo, los polifenoles han sido identificados como agentes efectivos contra el cáncer y contra la arterioesclerosis.

En breve, se está en el camino de descubrir más ampliamente en el futuro el amplio potencial nutricional y nutracéutico del frijol común, alimento mágico legado por las culturas mesoamericanas a la dieta de nuestros días.

Debouck, D. G. (1986), "Primary diversification of *Phaseolus* in the Americas: Three centres?", *Plant Genetic Resources Newsletter* 67 : 2-8.

Guzmán-Maldonado, H., y O. Paredes-López (1998), "Pérdidas irreversibles de un rico legado de la naturaleza para la humanidad. El caso del frijol común en México", *Ciencia* 49 (4) : 5-13.

Guzmán-Maldonado, S. H., y O. Paredes-López (1998), "Functional products of plants indigenous to Latin America: Amaranth, quinoa, common beans and botanicals", en G. Mazza (coord.), *Functional Foods —Biochemical and Processing Aspects,* CRC Press, Boca Raton, cap. 9, pp. 293-328.

Reyes-Moreno, C., y O. Paredes-López (1993), "Hard-to-cook phenomenon in common beans —A review", *Critical Reviews in Food Science and Nutrition* 33 : 227-286.

Guzmán-Maldonado, H., J. Acosta y O. Paredes-López (2000), "Protein and mineral characteristics of a novel collection of wild and weedy common bean *(Phaseolus vulgaris L.)*", *Journal of the Science of Food and Agriculture* 80 : 1874-1881.

IV. Mezcla de maíz y frijol

IV.1 Introducción

El maíz y el frijol han sido y continúan siendo la base de la alimentación de la mayoría de los países de América Latina. Como está bien documentado por trabajos de grupos de investigación en el mundo, el maíz es deficiente en aminoácidos esenciales como lisina y triptófano, los cuales se encuentran en buena proporción en el frijol. Aunque nuestros antepasados no sabían de ello, practicaban el consumo de estos dos granos en forma conjunta. Por eso, muchos de los platillos tradicionales latinoamericanos se elaboran combinando estos dos materiales.

A pesar de lo anterior, la mayoría de los estudios realizados sobre el maíz y el frijol se han llevado a cabo considerando los aspectos nutricionales de cada uno por separado, aún cuando se sabe que las características de biodisponibilidad de los nutrientes como proteínas, carbohidratos y minerales pueden cambiar cuando este cereal y leguminosa se consumen juntos. En este capítulo revisaremos los pocos estudios que se han efectuado cuando estos dos granos se mezclan, así como los cambios que se producen en el mensaje nutricional de tal mezcla. Se espera que quede clara la bondad de consumir juntos el maíz y el frijol, que consumir exclusivamente cualquiera de los dos.

IV.2 ASPECTOS NUTRICIONALES COMPLEMENTARIOS

Con relación a la importancia que tiene el frijol en la dieta mexicana, en la actualidad el consumo de esta leguminosa representa aproximadamente el 15% en una dieta normal para las zonas rurales de México. Se estima que el consumo anual *per capita* de frijol en México es de 22 kilogramos y el 74% de la población consume frijol al menos 5 días a la semana.

En el caso de la tortilla, ésta representa un 65% de la dieta en las zonas rurales. La dieta combinada de frijol y tortilla aporta no menos del 50% de las proteínas y el 70% de las calorías ingeridas diariamente en estas comunidades. Esto, aunque crítico, es afortunado gracias a las características nutrimentales que se presentan cuando se consumen juntos el maíz y el frijol.

Desde el punto de vista nutricional y de salud, el frijol presenta ciertas características sobresalientes. El contenido de proteína de esta leguminosa llega a ser más del doble que el del maíz, mientras que el contenido de carbohidratos asimilables, especialmente almidón, es significativamente mayor en el maíz (cuadro IV.1). Además, se ha puesto especial interés al contenido de fibra soluble del frijol y

CUADRO IV.1. *Comparación de algunos componentes mayoritarios de la tortilla y del frijol cocido (datos en base seca)*

Componente	Tortillas	Frijol
Carbohidratos (porcentaje)	62 – 81	55 – 65
Almidón (porcentaje)	72 – 73	22 – 45
Fibra dietaria (porcentaje)	12 – 16	24 – 27

se ha demostrado que disminuye los niveles de colesterol en la sangre y reduce los requerimientos de insulina. Por otro lado, la relación de eficiencia proteínica del frijol cocido es de hasta 1.5 (en una escala de 0 a 2.5), mientras que el contenido de lisina es de 6.4-7.6 miligramos/100 gramos de proteína y llega a ser más del doble que el del maíz.

Con relación al contenido de minerales, el frijol es una fuente relativamente buena de fósforo y hierro, y de algunos otros minerales; también lo es de las vitaminas hidrosolubles tiamina, niacina y ácido fólico, y en menor medida de riboflavina y vitamina B_6.

Otros componentes del frijol común, que en el pasado habían sido catalogados como antinutricionales, los taninos o polifenoles, han llamado la atención debido a que recientemente se han encontrado evidencias de su papel como antioxidantes naturales. Dichos compuestos tienen la particularidad de reaccionar con los radicales libres presentes en el organismo, los cuales son considerados los principales agentes causales de diversos tipos de cáncer, debido a su facilidad de reaccionar con compuestos celulares provocando mutagénesis. Esto ha originado que se amplíen las razones para recomendar el consumo de frijoles.

El consumo de tortillas y frijol juntos tiene un efecto complementario debido a que se mejora considerablemente la calidad de las proteínas (figura IV.1). Diversos estudios han demostrado que la mezcla de maíz y frijol mejora sensiblemente la relación de eficiencia proteínica. Este valor se incrementa de 1.0 del maíz y 1.4 del frijol a 2.4

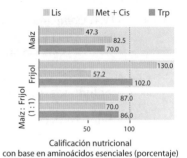

FIGURA IV.1. *Complementación nutricional del frijol con el maíz.*
Lis=Lisina, Met=Metionina, Cis=Cisteína, Trp=Triptófano

cuando la proporción de maíz : frijol es del orden de 60 : 40. Por otro lado, la deficiencia de lisina presentada por el maíz y la baja concentración de metionina y cisteína del frijol se compensan en tal forma que el valor nutricional de la mezcla maíz-frijol es mucho mejor que la proteína de cada grano por separado. Es importante aclarar que cuando una proteína posee uno o varios aminoácidos en exceso, éste se canaliza hacia otras rutas metabólicas, como las de la generación de energía.

La propiedad que tiene el maíz de complementarse con el frijol ha sido muy importante en vista del papel que estos alimentos han tenido en la dieta de diversos países latinoamericanos. Este efecto es el que los nutriólogos denominan "efecto complementario de proteínas", y ocurre cuando un cereal es combinado con una leguminosa, entre otras posibilidades.

Con la finalidad de poder complementar la deficiencia de aminoácidos de las tortillas, se realizó un estudio donde se nixtamalizaron juntos en cierta proporción el maíz y el frijol, se molieron y se elaboraron tortillas, las cuales fueron evaluadas en su contenido de proteína.

Las tortillas hechas con la mezcla de 90% de maíz y 10% de frijol presentaron un 26.3% más de proteína que las tortillas testigo (100% maíz); sin embargo, al evaluar la textura, las tortillas de la mezcla de maíz-frijol resultaron más duras que las testigo, aunque

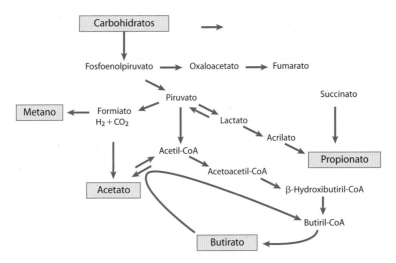

Figura IV.2. *Rutas metabólicas de fermentación de los carbohidratos en el intestino grueso*

en la evaluación sensorial fueron preferidas en forma similar que las tortillas testigo. También en algunos lugares de México se incorpora soya a las harinas nixtamalizadas para mejorar su aporte nutricional, y esta práctica ha resultado ser aceptable por el consumidor, aunque esto eleva el precio ligeramente.

Por otro lado, usualmente se cocina tal cantidad de frijoles que generalmente no son consumidos en una sola vez; la porción sobrante es guardada en el refrigerador al igual que las tortillas. Esta práctica común de las amas de casa ocasiona que se inicie la retrogradación del almidón, lo que provoca a su vez la formación del almidón resistente. La repetición del ciclo de calentamiento/enfriamiento hace que la formación de almidón resistente se incremente con las consecuencias benéficas nutrimentales y de salud ya mencionadas (pp. 39 y 76), como son la formación de ácidos orgánicos que contribuyen a la buena salud y funcionamiento del colon (figura IV.2).

Como se mencionó antes, los estudios al mezclar tortillas y frijol se han dirigido hacia las proteínas, pero últimamente se han llevado a cabo investigaciones acerca de la biodisponibilidad del almidón presente en esta mezcla. Como ya se señaló en el capítulo sobre frijol, el

Cuadro IV.2. *Digestibilidad* in vitro *del almidón en tortilla, frijol y otros alimentos*

Alimento	Digestibilidad (porcentaje)
Tortilla de harina nixtamalizada	65-70
Tortilla de maíz almacenada	75-77
Frijoles cocidos a alta presión	66-68
Harina precocida de frijol	41-67
Leguminosas	40-54
Cebada con alto contenido de amilosa	33-37

almidón presente en esta leguminosa tiene en general menor digestibilidad; esto quiere decir que presenta cierta resistencia a la hidrólisis por las enzimas digestivas (cuadro IV.2).

El contenido de almidón disponible en frijol es de alrededor de 35%; mucho menor comparado con el de las tortillas, que es de cerca de 60%. Sin embargo, en una mezcla de ambos en una proporción 50:50, los valores tienden hacia los del frijol, por lo que desde el punto de vista calórico (por ejemplo, para personas con sobrepeso o diabéticos) es mejor consumir la mezcla que sólo las tortillas. Estos estudios se requieren ampliar para determinar con toda precisión el efecto que tiene el almacenamiento sobre la formación de almidón resistente en la mezcla, considerando diversos tipos de maíz y frijol, con la idea de sugerir una mejor forma de consumir estos dos alimentos tradicionales y básicos de los pueblos latinoamericanos.

IV.3 Retos científicos y tecnológicos

En los capítulos anteriores hemos visto los extraordinarios cambios benéficos que trae la nixtamalización del maíz en términos de mejoramiento en la calidad de la proteína, causado en buena medida por

Cuadro IV.3. *Algunos cambios en la calidad funcional y nutricional como resultado del fenómeno del endurecimiento del frijol*

Indicador	Fresco	Endurecido[a]
Tiempo de cocción (minutos)	60	90
Relación de eficiencia proteínica	1.01	0.66
Digestibilidad de proteína	62.4	58.9
Lisina disponible (porcentaje)	51.6	45.8
Metionina disponible (porcentaje)	46.3	41.5

[a] Almacenado a 12 °C y 52% de humedad relativa por 6 meses.

el incremento en sus aminoácidos disponibles, así como el aumento en los niveles de calcio biodisponible y de la relación calcio : fósforo, y sin dejar de lado la valiosa modificación de la funcionalidad en términos de sabor, textura, aspecto y calidad en lo general.

Más aún, la calidad nutricional del maíz nixtamalizado se ve potenciada por el efecto de complementación con el frijol en cuanto a aminoácidos esenciales y compuestos nutracéuticos como las vitaminas y los minerales. Sin embargo, como también hemos visto, la nixtamalización también entraña costos ambientales que habrá que minimizar. Además, durante el endurecimiento del frijol se pierden no sólo la calidad sensorial, sino también disponibilidad de aminoácidos, calidad proteínica, y con ellos se pierde en parte la capacidad de complementación con la tortilla (cuadro IV.3 y figura IV.1).

Es importante señalar que las pérdidas descritas en el cuadro IV.3 tienden a ser mucho más lamentables en la práctica diaria, en virtud de que las condiciones promedio de temperatura y humedad relativa imperantes en la mayor parte del país son sensiblemente mayores. El reto imperativo se vuelve entonces generar materiales genéticos de frijol que tengan una menor propensión al fenómeno del endurecimiento.

Las observaciones anteriores son algunos de los retos científicos y tecnológicos más importantes que deben ser atacados, sobre todo porque, como se ha mencionado, somos centros de origen de estos dos granos y son parte importante de nuestra alimentación cotidiana. Es válida aquí la reiteración de que la nixtamalización del maíz y la mezcla de maíz y frijol en la dieta mesoamericana son algunas de las diversas aportaciones de nuestros antepasados a nuestra sociedad y a muchas otras sociedades del mundo.

IV.4 Bibliografía

García-Osorio, C., y M. G. Vázquez-Carrillo (1997), "Evaluación de la calidad nixtamalera-tortillera de mezclas maíz-frijol endurecido *(Zea mays-Phaseolus vulgaris)*", *Archivos Latinoamericanos de Nutrición* 47 : 377-381.

Tovar, J., S. G. Sáyago-Ayerdi, C. Peñarvel, O. Paredes-López y L. A. Bello-Pérez (2003), "In vitro starch hydrolysis and predicted glycemic index of corn tortilla, black beans *(Phaseolus vulgaris* L.) and Mexican 'taco' ", *Cereal Chemistry* 80 : 533-535.

Paredes-López, O., S. O. Serna-Saldívar y H. Guzmán-Maldonado (2000), *Los alimentos mágicos de las culturas indígenas de México: El caso de la tortilla,* cinvestav–ipn, Unidad Irapuato, itesm-Campus Monterrey, inifap–Celaya y El Colegio de Sinaloa, Culiacán, Sin. 70 pp.

V. Amaranto

V.1 Antecedentes históricos

El potencial del grano de amaranto como alimento fue reconocido por las culturas ancestrales de América; los nahuas y los incas lo usaron comúnmente, hasta que fue reemplazado por otros granos, como el maíz y el frijol, después de la conquista española, por razones que hasta la actualidad quizá no están bien documentadas aunque parece ser que los aspectos religiosos desempeñaron un papel importante en tal determinación. A la fecha, un buen número de agricultores en el mundo se dedican al cultivo del amaranto, especialmente para utilizarlo como una planta de ornato. Sin embargo, en los últimos años se ha reactivado el interés mundial por este alimento olvidado (figura V.1).

La familia Amaranthaceae (o familia de las Amarantáceas) comprende más de 60 géneros y aproximadamente 800 especies de plantas herbáceas anuales o perennes. A través de la historia, las hojas de amaranto han sido consumidas como vegetales y sus semillas como cereal. Existen tres especies del género *Amaranthus* (del griego 'que no se marchita') que producen grandes inflorescencias repletas de semillas comestibles: *A. hypochondriacus* y *A. cruentus,* que son cultivadas principalmente en México y Guatemala, respectivamente, y *A. caudatus,* que es cultivada especialmente en Perú. Se cree que las especies para producción vegetal *(A. hybridus, A. tricolor)* son originarias de Sudamérica y del sureste de Asia. El amaranto *(huautli,* en náhuatl) fue uno de los principales cultivos de las dinastías azteca e inca. Su presencia en Tehuacán, México, se remonta a 4000 a.C., lo

Figura V.1. *Amaranto: izq.,* A. hypochondriacus; *der.,* A. tricolor

que lo convierte en uno de los cultivos más antiguos. El amaranto era usado como *tzoalli* (amaranto y miel a lo que luego se le añadía sangre humana) en diversas ceremonias religiosas, pero ahora ha vuelto a tomar gran interés como resultado de sus atractivas características y de su alto potencial alimenticio, por lo que se considera que este grano olvidado está ahora en el camino de ser redescubierto.

No cabe duda de que algunos de los amarantos de grano más importantes desde diversos conceptos son originarios de Mesoamérica y de Sudamérica, de donde migraron a otras regiones del mundo tales como China, Mongolia y la cadena montañosa de India, Paquistán y Nepal. En estos lugares fueron introducidos hace más de 300 años. En India se conoce como *ragjira* (semilla real), *randaza* (semilla enviada por dios) y se consume como dulce *(laddoos)*.

V.2 Características del germoplasma y distribución

Alrededor de 60 de las 800 especies de plantas de la familia Amaranthaceae son cosmopolitas y crecen particularmente en sitios perturbados por el hombre considerándose como maleza. Existe una amplia variabilidad en las diferentes especies del género.

Como se mencionó anteriormente, sólo tres de ellas son cultivadas en virtud de su productividad de semillas. Asociadas a éstas existen tres especies de malezas o arvenses: *A. powelli, A hybridus* y *A. quitensis;* y sólo una —*A. hybridus*— se encuentra ampliamente distribuida por todo el mundo. Pocas especies que crecen principalmente en climas cálidos o en la humedad de los trópicos son apreciadas por la calidad de sus hojas como alimento. Existen muchos cultivos de la especie *A. tricolor* L., la cual está ampliamente dispersa y cultivada en Asia y el Pacífico Sur. Las hojas de *A. dubius* son consideradas como exquisitez en diversas áreas del Caribe (véase el cuadro V.1).

El germoplasma del amaranto se ha catalogado y almacenado en bancos de germoplasma de aproximadamente 11 países; sin embargo, estas colecciones son pobres e incompletas, y la caracterización

Especie	Encontrada como	Área de origen	Uso
A. blitum	Cultivo	Asia	Vegetal, ornamental
A. caudatus (edulis)	Cultivo	Sudamérica	Grano, vegetal, ornamental
A. cruentus (paniculata)	Cultivo	Centroamérica	Grano, vegetal
A. dubius	Maleza, cultivo	Sudamérica	Vegetal
A. hybridus	Maleza	Sudamérica	Vegetal
A. hypochondriacus (leucocarpus)	Cultivo	México	Grano, vegetal
A. retroflexus	Maleza	Norteamérica	Vegetal
A. espinosus	Maleza	Asia	Vegetal
A. tricolor (gangeticus)	Cultivada	Asia	Vegetal, ornamental
A. viridis (A. ascendes, A. gracilis)	Maleza	África	Vegetales

del germoplasma es igualmente pobre, aunque algunos esfuerzos relativamente importantes han sido realizados por organizaciones en los Estados Unidos de América, India, Perú y México. Se considera que esta falta de interés está originando pérdidas irreversibles de materiales genéticos de alto valor para la humanidad. De ahí la necesidad de llevar a cabo de manera impostergable una verdadera labor de rescate. Es igualmente pertinente señalar que se desconocen prácticamente en su totalidad las características del genoma de esta planta mágica.

V.3 ASPECTOS AGRONÓMICOS DEL CULTIVO

Las semillas pequeñas de los granos de amaranto representan un reto especial en la etapa de producción. Es crítico que las semillas se planten en suelo fino y compactado para asegurar un buen contacto semilla-suelo. Una profundidad de siembra de más de 1 centímetro retrasa y disminuye la germinación; sin embargo, en áreas secas, la profundidad de la siembra mayor a 1 centímetro es necesaria para obtener una humedad adecuada para la germinación. Una profundidad de sembrado de 2.5 centímetros es adecuada en suelos de clima frío, siempre y cuando se ajuste el número de semillas sembradas para compensar la reducción en la germinación asociada al incremento en la profundidad de la siembra.

La información disponible sobre los requerimientos de fertilizante para el amaranto es limitada y preliminar. En un estudio en Arkansas, una línea de *A. cruentus* y una línea de *A. hypochondriacus* se cultivaron a tres niveles de nitrógeno (0, 100 y 200 kilogramos/hectárea). Se reportó un incremento en el rendimiento del doble a una concentración de 100 kilogramos/hectárea de nitrógeno. No se obtuvo beneficio adicional en el rendimiento a mayores concentraciones de nitrógeno. Sin embargo, en el segundo año no se obtuvo respuesta en el rendimiento a las concentraciones de nitrógeno probadas.

Hacen falta estudios acerca de los requerimientos de agua para el cultivo de amaranto. Las observaciones sugieren que el grano de amaranto es tolerante a las sequías en etapas posteriores de crecimiento. Sin embargo, se requiere de humedad residual en el suelo para asegurar que la germinación ocurra. Algunos investigadores en China han reportado que los requerimientos de agua para el crecimiento del grano de amaranto en comparación con otros cultivos son: 42-47% de lo requerido para el trigo, 51-62% en relación con lo necesario para maíz y 79% respecto al cultivo de algodón.

En la actualidad, los insectos y problemas de enfermedades de importancia económica son mínimos. Una plaga de la planta *Lygus lineolaris* ha reducido el rendimiento en algunos años al alimentarse de las semillas inmaduras. Investigadores del Centro de Introducción de Plantas del Departamento de Agricultura de Estados Unidos en Ames, Iowa, han determinado las implicaciones económicas del daño de la plaga, así como el germoplasma de amaranto resistente o parcialmente resistente a la plaga. Por otro lado, se ha determinado el ciclo de vida del gorgojo del amaranto *(Conotrachelus seniculus)*, el cual ha demostrado tener baja incidencia de ataques en campos de amaranto comercial.

El rendimiento de grano del amaranto es altamente variable y depende de muchos factores. Los patrones climáticos son de particular importancia para proporcionar un buen soporte para maximizar el rendimiento. Un patrón climático consistente de una helada ligera seguida de un periodo de clima menos frío puede conducir a disminuciones significativas en el rendimiento. En algunas regiones, una helada ligera seca parcialmente la panoja donde se encuentran agrupadas las semillas, pero no seca el pabellón del grano; además, la planta resiste la helada de manera que permite realizar la cosecha. El rendimiento de las cosechas realizadas en forma manual ha sido alto, hasta de 4 000 kilogramos/hectárea en Montana, y 6 000 kilogramos/hectárea en Perú.

Debe mantenerse presente que las investigaciones para mejorar la productividad de granos como maíz, trigo y soya, entre otros, han sido muy amplias; todo lo contrario de lo que ha pasado con el amaranto. Por ello, faltan esfuerzos para utilizar más adecuadamente su alto potencial productivo.

V.4 Planta y semilla: composición y propiedades nutricionales y nutracéuticas

El amaranto es una planta dicotiledónea que se denomina como pseudocereal, puesto que produce granos tipo cereal. Es una planta de crecimiento rápido y de las pocas especies que, sin ser pasto, utiliza la eficiente ruta C4 para la fijación de carbono. El amaranto puede crecer en climas calientes y templados donde el suministro de agua es limitado; es tolerante a condiciones áridas y suelos pobres, condiciones que son altamente adversas para el cultivo de cereales. Como se indicó antes, se han reportado rendimientos de grano de 1.1 a 6 toneladas/hectárea, pudiéndose comparar ventajosamente con los rendimientos de otros cultivos.

El amaranto produce una gran cantidad de biomasa (4.5 toneladas de materia seca por hectárea) en un periodo de tiempo corto de sólo 4 semanas, y un total de hasta 9 toneladas en una temporada, por lo que puede ser usado como forraje para animales domésticos.

CUADRO V.2. *Diversas especies de amaranto, origen, uso y sabor*

Especie	Tipo	Color de la semilla	Uso	Sabor
A. cruentus	Mexicano	Dorado	Reventado panificación	Dulce
	Africano	Café	Vegetal, crepas cereal, cocido	Tostado
	Guatemala	Café	Crepas	Nuez
A. hypochondriacus	Mercado	Dorado	Versatilidad y alta calidad	Muy dulce
	Nepal	Dorado	Pobre en reventado	Poco dulce
A. hybridus	Prima	Blanca, negra	Crepas	Dulce, nuez
A. caudatus	—	Café	Potajes	Trigo

El amaranto es una de las pocas especies vegetales de las cuales se pueden consumir las hojas y el grano. Algunas de las principales especies de amaranto utilizadas en la alimentación en el Continente Americano están descritas en el cuadro V.2. En China, el amaranto se ha cultivado exclusivamente como forraje para las vacas. En Perú, la planta es cortada o molida para emplearse como suplemento después de que las semillas son cosechadas en forma manual. Algunos tipos de amaranto acumulan niveles tóxicos de oxalatos y nitratos en las hojas cuando crecen bajo condiciones de estrés.

Existen cerca de 50-60 especies de *Amaranthus* cuyas hojas son comestibles cuando son jóvenes. La composición, aporte nutricional, la apariencia, textura y sabor promedio de las hojas de amaranto de calidad comestible se comparan con las de las espinacas, acelgas y col (véase el cuadro V.3). Sin embargo, la dehiscencia (florescencia prematura) es una de las limitaciones que presenta el cultivo de amaranto tipo vegetal, ya que esto se traduce en un crecimiento vegetativo pobre, dando bajos rendimientos en producción. Además, el amaranto dehiscente tiene sabor amargo, por lo que posee baja aceptación en el mercado. El principal amaranto para consumo como vegetal es *A. tricolor*, pero existen muchas otras especies que se cultivan con

CUADRO V.3. *Composición química de las partes vegetativas de amaranto y de otros vegetales*

Análisis	Amaranto	Espinaca	Acelga	Col
COMPOSICIÓN PROXIMAL[a]				
Humedad	86.9	90.7	91.1	87.5
Proteína cruda (N × 6.25)	3.5	2.2	2.4	4.8
Grasa	0.5	0.3	0.3	0.8
Fibra	1.3	0.6	0.8	1.2
Cenizas	2.6	1.5	1.6	1.6
Extracto libre de nitrógeno	5.2	4.7	3.8	4.1
MINERALES[b]				
Calcio	267.0	93.0	88.0	250.0
Fósforo	67.0	51.0	39.0	52.0
Sodio	—	71.0	14.7	—
Potasio	411.0	470.0	450.0	550.0
Hierro	3.9	3.1	3.2	1.5
VITAMINAS[b]				
A (UI)[c]	6 100	8 100	6 500	9 300
Tiamina	0.1	0.1	0.1	0.1
Riboflavina	0.2	0.2	0.2	0.3
Niacina	1.4	0.6	1.5	1.7
C	80.0	51.0	32.0	152.0

[a] g/100 g de materia comestible.
[b] mg/100 g de materia comestible, a menos que se indique lo contrario.
[c] UI = unidades internacionales.

este propósito en los trópicos y en el este de Asia, como *A. caudatus, A. gracilis, A. graecizans* y *A. espinosus.*

Durante los últimos años, varios trabajos de revisión publicados han proporcionado amplia información relacionada con los componentes y valor nutrimental del grano del amaranto. Entre los aspectos más estudiados está la identificación y cuantificación de los aminoácidos esenciales de las proteínas. El contenido de proteína de los granos

CUADRO V.4. *Composición proximal del grano de distintas especies de amaranto* [a]

Componente	A. caudatus	A. cruentus	A. hypochondriacus
Proteína	12.9	17.8	15.6
Grasa	9.6	7.9	6.1
Fibra	8.0	4.4	5.0
Cenizas	3.0	3.3	3.3
Azúcares	3.8	—	—
Almidón [b]	62.7	66.6	70.0

[a] g/100 g, base seca.
[b] Por diferencia.

de amaranto ha sido reportado en el rango de 12.9 a 17.8% con base en materia seca (véase el cuadro V.4). Los granos de amaranto poseen un alto contenido de lisina, el cual es un aminoácido esencial para la nutrición humana; el contenido de este aminoácido oscila en general entre 4.6 y 6.4 gramos por 100 gramos de proteína, y tiene también cantidades importantes de otros aminoácidos esenciales (véase el cuadro V.5).

Asimismo, se ha estudiado la capacidad del amaranto para complementar la deficiencia de proteína en otros granos como el maíz, trigo y soya; en el cuadro V.6 aparecen algunas de las sobresalientes características nutricionales del amaranto en comparación con estos granos. El maíz en combinación con un 12.7% en peso de harina de amaranto tostado proporciona una fuente de proteína que puede satisfacer los requerimientos de niños y adolescentes, y proporcionar aproximadamente el 70% de energía de una dieta normal. Una combinación de arroz y amaranto en una proporción 1:1 se aproxima a las especificaciones de proteína de la Organización Mundial de la Salud y la Organización de las Naciones Unidas para la Agricultura y la Alimentación.

CUADRO V.5. *Composición de aminoácidos de la proteína total de amaranto y otros granos (g/100 g de proteína)*

Aminoácido	Amaranto	Maíz	Trigo	Frijol	Patrón (FAO/WHO/ONU) (adultos)
Isoleucina	4.0	3.5	3.9	6.2	1.3
Leucina	6.2	12.4	7.3	7.9	1.9
Lisina	6.1	3.0	3.0	8.0	1.6
Metionina	2.3	2.0	1.7	1.0	1.7 [a]
Cisteína	3.9	2.3	2.6	0.7	
Fenilalanina	4.8	4.4	4.8	5.5	1.9 [b]
Tirosina	4.3	3.3	2.5	2.6	
Treonina	4.6	3.3	2.8	4.2	0.9
Valina	4.4	4.9	4.9	6.1	1.3
Triptófano	1.3	0.7	1.2	—	0.5
Histidina	2.7	3.0	2.3	4.8	1.6
Arginina	8.1	9.3	4.8	6.1	
Alanina	3.9	7.9	3.8	2.7	
Ácido aspártico	8.1	7.0	5.4	9.8	
Ácido glutámico	16.6	18.9	33.5	17.7	
Glicinina	8.4	3.6	4.2	3.4	
Prolina	4.6	9.0	10.4	3.8	
Serina	8.0	4.7	4.8	5.3	

[a] Suma de metionina y cisteína.
[b] Suma de fenilalanina y tirosina.

Cuadro V.6. *Características nutricionales de la proteína total de*
amaranto y otros granos (g/100 g de proteína)

Evaluación	A. hypochondriacus	A. caudatus	Maíz	Trigo	Soya
Calificación de aminoácidos	67.0	75.0	54.0	51.0	68.0
Digestibilidad (porcentaje)	77.6	88.5	96.3	91.7	—
Valor biológico (porcentaje)	73.0	86.5	64.7	62.1	63.5
PER	2.2	1.6	1.2	1.69	1.7
NPU	76.6	—	62.4	57.0	54.5
Proteína utilizable (g/100g proteína)	—	11.0	6.2	7.5	—

PER = relación de eficiencia proteica; NPU = utilización neta de proteína.

El almidón del amaranto es distintivo. En forma natural tiene altos contenidos de amilopectina. Los gránulos de almidón son poligonales, miden de 1 a 3 micrómetros de diámetro y poseen un alto poder de hinchamiento, por lo que se podrían usar como agente espesante en alimentos, y como retenedor de humedad en cosméticos y en productos de limpieza y de lavandería. También se plantea su uso en cosméticos en aerosol. Debido al tamaño tan pequeño del gránulo de almidón de amaranto, un tamaño poco usual en los almidones comerciales y que sólo es encontrado en almidones de arroz, se ha reportado que en presencia de un agente aglutinante y cuando es secado por aspersión puede formar agregados esféricos que muestran cavidades donde se pueden incluir y estabilizar sustancias como colorantes y saborizantes.

Estos compuestos por lo general son sensibles a la luz y a la temperatura, logrando una mayor estabilidad en dicha forma microencapsulada, y posteriormente liberándose dentro de un producto farmacéutico o un alimento.

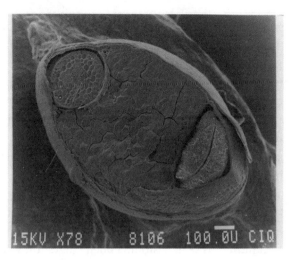

FIGURA V.2. *Estructura del grano de amaranto*

FIGURA V.3. *Arreglo de los gránulos de almidón en el endospermo del grano de amaranto*

La figura V.2 muestra las características microscópicas únicas del grano de amaranto, y en la figura V.3 se aprecia el extraordinario empaquetamiento y forma poligonal (apariencia física poco usual en estas estructuras de la naturaleza) de sus gránulos de almidón.

Los granos de amaranto contienen del 6 al 10% de aceite, el cual se encuentra principalmente en el germen. Este es predominantemente un aceite insaturado (76%) alto en ácido linoleico, el cual es esencial para la nutrición humana. En análisis conducidos en el Departamento de Agricultura de los Estados Unidos de América se encontró que el aceite de amaranto posee un 7% de escualeno; esta cantidad es mucho más alta que la encontrada en otros aceites de origen vegetal. El escualeno es un material de alto valor monetario que usualmente se extrae del hígado de tiburón para emplearse en la industria cosmética, y tiene también funciones nutracéuticas.

Debido a que los granos de amaranto son altos en proteína, carbohidratos y grasa, existe potencial para usarlo como un alimento alto en energía. En humanos se ha visto una buena digestión y alta absorción para productos que contienen amaranto molido y tostado. El balance de carbohidratos, grasa y proteína permite que el consumo de amaranto sea menor en comparación con otros cereales para obtener el mismo balance nutritivo. Se ha observado que el arroz es el otro cereal que, gracias a su alto valor nutrimental, es capaz de satisfacer en buena medida los requerimientos de proteína y energía del ser humano.

La digestibilidad y la relación de eficiencia proteínica se mejoran si el grano de amaranto se somete a un proceso térmico. Es decir, las notables características nutricionales que se muestran en el cuadro V.6 (p. 98) se mejoran todavía más, lo cual hace del amaranto un alimento muy competitivo en relación con granos de amplio uso, como algunos cereales (maíz y trigo) y leguminosas (soya). En virtud de estas características, se considera que el amaranto tratado térmicamente tiene la mejor proteína vegetal que existe en la naturaleza.

Se ha reportado que la remoción de lectinas por procesos térmicos también mejora la relación de eficiencia proteínica de las harinas de amaranto. Debido a la cantidad de compuestos presentes en el amaranto, recientemente se ha planteado su uso como un alimento nutracéutico, teniendo en mente que los aztecas lo usaban como un cultivo medicinal. Los efectos nutracéuticos del amaranto probablemente estén asociados con sus contenidos de calcio, fibra, escualeno, tocoferol y de una lectina específica. De los efectos a la salud que pueden estar asociados con el consumo de estos compuestos está la disminución de osteoporosis, de colesterol en sangre, así como el poder antioxidante que presenta el tocoferol y algunos pigmentos presentes en las semillas de algunas variedades, entre otros.

V.5 Productos diversos
y estrategias de procesamiento

El consumo de amaranto en la época precolombina era muy popular; de hecho los códices aztecas reportan que el amaranto era utilizado en ceremonias religiosas, donde era mezclado con sangre humana de los sacrificios que se hacían para venerar y agradecer a los dioses. Debido a esto, una vez realizada la conquista y la instauración de la Nueva España, se prohibieron estas prácticas, y el consumo de amaranto se vio disminuido sustancialmente, por lo que se fue perdiendo el cultivo de este grano tan importante desde el punto de vista agronómico y nutricional. Una de las formas como se consumía el amaranto en la época precolombina era como dulces llamados "alegrías"; éstos consisten en amaranto reventado al que se le agrega miel. El nombre del dulce se debe al hecho de que al ser probado por los indígenas éstos bailaban y cantaban de alegría.

Existen varios métodos viables para el procesamiento térmico de las semillas de amaranto, los cuales incluyen reventado, harina de granos tostados y molidos, hojuelas, extrusión y cocinado húmedo. Un proceso térmico excesivo puede reducir la calidad de los granos de amaranto. El potencial para reducir la calidad nutricional es más evidente cuando el grano de amaranto es procesado usando calor seco, como en el caso del tostado y el reventado.

Se conocen diferentes productos a base de amaranto; entre los más tradicionales —como se señala líneas arriba— se encuentran los dulces conocidos como "alegrías", en donde la semilla es puesta sobre un comal para que reviente; posteriormente es mezclada con miel y se le da forma en unos moldes para posteriormente envolverlas en papel celofán. De esta manera se comercializa este dulce típico de la gastronomía mexicana. Las "alegrías" tienen un buen mercado en diversas zonas de México, sobre todo en la gran zona que comprende los estados de Tlaxcala, Puebla, Estado de México, Morelos y el Distrito Federal, donde el consumo se ha incrementado por el sabor y gusto que tiene este producto.

También se ha visto que ayuda a disminuir ciertos trastornos como problemas digestivos y cansancio, y es recomendado a mujeres en la etapa de lactancia para que se incremente la cantidad de leche producida. Recientemente han surgido algunas pequeñas industrias dedicadas a utilizar el amaranto, en las cuales se elaboran diversos productos que se encuentran en el mercado y conservan el gran aporte nutricional que tiene esta semilla, como son atoles, harinas para pasteles, cereales para desayuno, panes de diferentes tipos, bebidas energéticas, leche de amaranto, pasteles, pastas, papilla para infantes, granola, galletas integrales y barras de amaranto con chocolate, entre otros.

El uso principal de la semilla de amaranto a nivel comercial ha sido para la producción de productos reventados para cereales de desayuno. Sin embargo, ya se han realizado estudios para el procesamiento del amaranto por extrusión para obtener harinas precocidas que puedan emplearse para elaboración de bebidas; también se han hecho mezclas de amaranto con maíz, con avena o con trigo, para obtener un producto donde se mejore el contenido de proteína y otros aspectos nutricionales. Otras estrategias de uso del amaranto y que podrían tener aplicaciones inmediatas son la nixtamalización del grano y la elaboración de tortillas o botanas, lo cual tendría un buen impacto debido a la calidad nutrimental y a la gran aceptación en países extranjeros por los productos nixtamalizados.

Por otro lado, la germinación genera productos que pueden ser producidos en cualquier época del año, pero sobre todo que poseen mejor valor nutritivo comparado con el de la semilla intacta y excelentes características de aceptación sensorial. Durante la germinación de algunas semillas, el contenido de aminoácidos libres, proteínas, vitaminas (como el ácido ascórbico) y azúcares reductores se incrementa.

Existe poca información sobre los cambios fisicoquímicos, funcionales y nutricionales que se producen durante la germinación del amaranto, pero se sabe que la proteína aumenta con el tiempo de germinación, el contenido de grasa disminuye en cerca del 40% respecto al valor original, y los valores de fibra cruda y cenizas aumentan hacia el final del tratamiento.

El uso de productos germinados, como los de soya por ejemplo, se ha incrementado en los últimos años debido a las tendencias de disminuir el consumo de grasa animal y de incrementar los productos vegetales, por lo que esta alternativa tecnológica para el uso del amaranto podría resultar muy atractiva. De la mano con este tipo de procesamiento se podría mencionar la fermentación en estado sólido del grano de amaranto, una práctica común en granos como la soya, el frijol mungo y el garbanzo. Dicha fermentación cambia las características químicas de la materia prima, desarrollándose sabores y aromas que son atractivos para ciertos paladares, pero además se podrían obtener sustancias que tengan un papel nutracéutico. Las anteriores son alternativas tecnológicas relativamente fáciles de implementar que pueden ser aplicadas para el desarrollo de nuevos productos a base de este material.

Otro mercado importante del grano podría ser como ingrediente de productos de panificación en sustitución parcial del trigo, ya que, como se ha señalado (p. 93), el amaranto es un pseudocereal, y por lo tanto no tiene gluten, pudiendo ser una buena alternativa para las personas que padecen de la enfermedad conocida como celiaca.

En breve, el amaranto como grano y como vegetal, en virtud de sus sobresalientes características agronómicas, nutricionales y nutracéuticas, tiene un extraordinario potencial que está esperando ser utilizado más inteligentemente como alimento y en la prevención de enfermedades. Las tiendas naturistas de los países desarrollados son ya una muestra fehaciente de tal potencial.

Bressani, R., J. M. Gonzales, J. Zuniga, M. Brauner y L.G. Elias (1987), "Yield, selected chemical composition and nutritive value of 14 selections of amaranth grain representing four species", *Journal of the Science of Food and Agriculture* **38** : 347-356.

Guzmán-Maldonado, S. H., y O. Paredes-López (1998), "Functional products of plants indigenous to Latin America: Amaranth, quinoa, common beans and botanicals", en G. Mazza (coord.), *Functional Foods —Biochemical and Processing Aspects*, CRC Press, Boca Raton, cap. 9, pp. 293-328.

Paredes-López, O., A. P. Barba de la Rosa, D. Hernández-López y A. Cárabez-Trejo (1990), *Amaranto: Características alimentarias y aprovechamiento agroindustrial* (monografía), Secretaría General de la OEA, Washington, D.C.

Paredes-López, O. (coord.) (1994), *Amaranth: Biology, Chemistry and Technology*, CRC Press, Boca Raton.

VI. El nopal y su fruto

VI.1 Aspectos agronómicos

Las cactáceas son autóctonas del Continente Americano, y México es considerado un centro de biodiversidad por excelencia. Nuestros antepasados las llamaron *nopalli* y *nochtli*, y las usaron en alimentación, medicina, religión, magia y política; el escudo de la gran Tenochtitlan ostentaba un nopal, como la bandera mexicana actual. La fascinación por las cactáceas ya existía en los pueblos mesoamericanos; los jardines de Netzahualcóyotl tenían colecciones muy ricas.

Existen pruebas de que los nopales tuneros fueron cultivados 500 años a.C. en las zonas semiáridas de Mesoamérica, y especialmente en

Tehuacán; en México, la mayor diversidad se encuentra en las planicies del norte y centro, y muchos consideran que las zonas semiáridas son su centro de origen. Los mexicas los clasificaron por primera vez en *istlanochtli,* el de frutos blancos; *coznochtli,* amarillos; *xoconochtli,* ácidos; y *zaponochtli,* tuna mansa. Los conquistadores los llevaron a Europa y su cultivo y naturalización en España e Italia data de mediados del siglo xvi, y desde ahí se distribuyeron a muchas regiones del mundo. La superficie cultivada en México es superior a las 50 000 hectáreas y la de materiales silvestres es de tres millones de hectáreas.

Algunas cactáceas alcanzan su madurez a los tres años mientras que a otras les toma varios lustros, y existen individuos que llegan a vivir 150 años o más. Sus tejidos de almacenamiento están muy desarrollados, lo que les permite conservar agua y nutrientes, y son capaces así de sobrevivir largos periodos de sequía; también soportan la aridez por la carencia en muchas de ellas de hojas y en algunas éstas aparecen solamente en periodos tempranos de desarrollo. Un comportamiento envidiable de las plantas suculentas es el tipo de fotosíntesis; realizan en forma separada los dos procesos de captación de luz solar y fijación de bióxido de carbono atmosférico, con horas de diferencia; mientras que las plantas comunes emplean un proceso continuo de fijación de luz en algunas estructuras químicas para emplear esa energía en la fijación de bióxido.

La energía acumulada durante el día por las cactáceas es empleada por la noche cuando sus estomas (aberturas microscópicas en la epidermis) se abren y permiten la captación de bióxido. La ventaja de este proceso es que el intercambio gaseoso se hace en horas del día en que la temperatura es más baja y el aire tiene mayor humedad; la magia de este comportamiento es que minimiza la pérdida de agua que presentan las otras plantas al abrir los estomas al aire seco del mediodía; esta característica las obliga a desarrollar grandes masas de tejido no fotosintético para la acumulación diurna de moléculas con energía y nocturna de ácidos orgánicos, producto de la fijación del bióxido; de ahí el nombre de suculentas. Una gran tarea biotecnológica es la generación de plantas de interés alimentario y medicinal con este comportamiento extraordinario de las cactáceas.

Se sabe del saqueo que ha existido, y existe, de estos recursos nacionales y son centenares las especies en peligro de extinción; quizá nunca sabremos las pérdidas reales que han ocurrido porque tampoco aquí tenemos un registro y un banco de germoplasma a la altura de las necesidades; afortunadamente las nopaleras de solar en poblaciones rurales son valiosas reservas genéticas.

VI.2 NOPAL: COMPOSICIÓN
Y PROPIEDADES NUTRICIONALES Y NUTRACÉUTICAS

El nopal es endémico de América y existen 258 especies reconocidas, 100 de las cuales se encuentran en México, en donde se cuenta con plantaciones especializadas de nopal para consumo humano. La producción de nopal en México puede clasificarse en tres tipos: nopaleras silvestres, de huertos familiares y plantaciones.

La producción en nopaleras, en su gran mayoría silvestres, están distribuidas en 15 estados del país, en donde son fuente de forraje para el ganado lechero. También se utilizan huertos familiares y plantaciones que se usan como abasto para su procesado industrial, siendo empacado en salmuera o escabeche por diversas empresas, para mercado de exportación o nacional. Asimismo, el nopal puede ser un cultivo alternativo para zonas que están teniendo problemas por bajos rendimientos debido al empobrecimiento paulatino de los suelos, o en lugares donde hay deficiencia de agua para los cultivos tradicionales, siendo éste el caso de estados como Nuevo León.

En México se le llama nopal a varias especies del género *Opuntia* de la familia Cactaceae. El género *Opuntia* en México presenta 5 subgéneros, 17 series y 104 especies. El género *Nopalea* presenta 10 especies, de las cuales la *Nopalea cochenillifera* se utiliza como nopal verdura.

En resumen: de las 104 especies de *Opuntia* y 10 de *Nopalea* se utilizan para forraje 15 especies, 5 para fruta y 3 para verdura (2 de *Opuntia* y una de *Nopalea).*

En México existen varias entidades federativas que son productoras de nopal, entre las que destacan el Distrito Federal, Morelos, el Estado de México, Aguscalientes, Guanajuato y Baja California (figuras VI.1 y VI.2).

Según información de la Secretaría de Agricultura, Ganadería, Desarrollo Rural, Pesca y Alimentación (SAGARPA), el nopal verdura ocupa el duodécimo lugar entre las 16 hortalizas más importantes de México con relación a la superficie sembrada. Sin embargo, los rendimientos alcanzados de 54.8 toneladas por hectárea lo colocan en primer lugar. Esta información ubica a esta planta como una buena alternativa productiva y económica; además de que el consumo *per capita* es de 6.4 kilogramos anuales.

Figura VI.1. *El nopal y sus productos*

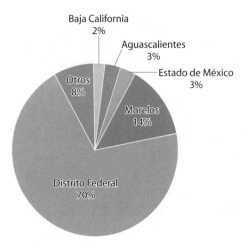

FIGURA VI.2. *Distribución de la producción nacional de nopal verdura*

La composición proximal del nopal en base seca muestra que tiene un alto contenido de cenizas, y aquí se encuentran los minerales presentes; este alto valor se debe principalmente al elevado contenido de calcio, magnesio, sodio, potasio y hierro, y tiene un bajo contenido de grasa y un alto contenido de fibra, el cual es comparable con el de los productos comerciales vendidos como fuente de este último nutriente; este aspecto nutricional, por desconocimiento, no se ha utilizado en toda su magnitud, ya que la mayoría de los latinoamericanos podemos tener acceso al nopal en una forma económica, lo cual vendría a sustituir a productos más caros que tienen la misma función en el organismo.

Los países desarrollados han sacado al mercado ese tipo de productos a base de otras fuentes, porque no cuentan con los recursos naturales y la biodiversidad que tenemos en la región. El contenido de proteína es bajo, por lo que su consumo debe ser complementado con otras fuentes ricas en estas macromoléculas, como puede ser el frijol o el amaranto. Sin embargo, a pesar del bajo contenido de proteína en el nopal, el análisis de sus aminoácidos ha revelado que se encuentran en buena cantidad aquellos que son esenciales para el ser humano, destacando la lisina, isoleucina y treonina. Esto quiere decir que, aunque en bajas cantidades, la proteína es de buena calidad.

Los nopales han sido un alimento en México por cientos de años; actualmente su consumo se ha comenzado a difundir un poco más en Estados Unidos y Europa, tanto como vegetal como de fruta. Como vegetal se puede usar en ensaladas, sopas, guisos, asados y, en fin, en una amplia gama de aplicaciones, y la fruta se emplea principalmente en fresco y dulces y jaleas.

Los nopales se pueden comer crudos en ensaladas, pero la mayoría de las personas los prefieren cocidos y combinados con otros alimentos, como huevos, chile, tomate, camarones, etc., y hasta en salsas. En muchos mercados de la provincia mexicana ya los venden preparados para el desayuno o almuerzo, y su aceptación es relativamente alta.

Recientemente se ha popularizado mucho el consumo del nopal licuado combinado con algún jugo de frutas. Sin embargo, para algunas personas les resulta un poco molesta la sensación que causa el mucílago o "baba" que desprende el nopal, el cual se minimiza con un ligero tratamiento térmico. El nopal con jugo de frutas y avena es altamente recomendado para bajar los triglicéridos —debido al efecto hipoglucémico de la cactácea— y disminuir el colesterol, por los beta-glucanos de la avena, además de ser un alimento energético y adecuado para controlar el peso, en virtud de la cantidad de fibra soluble del nopal, que ocasiona saciedad. Así pues, esta verdura ayuda en la prevención de las enfermedades ocasionadas por la obesidad.

El polvo de nopal —que no es otra cosa que nopal deshidratado y molido— ha venido a ofrecer una solución para el inconveniente del mucílago, así como para tener el producto durante todo el año y que de esta forma se pueda utilizar para la elaboración de una gama más amplia de productos.

El aprovechamiento de las propiedades curativas de las plantas es una práctica milenaria que nunca ha dejado de existir. El caso del nopal en México tiene un especial significado por el papel simbólico del asentamiento de los aztecas en el lago de Texcoco, dando lugar a su imperio Tenochtitlan (*te,* 'piedra', y *nochtli,* 'nopal'). Los aztecas lo usaban para muchos usos medicinales: para las fiebres bebían el jugo, el mucílago o "baba" del nopal lo empleaban para curar labios partidos, la pulpa curaba la diarrea, las espinas para la limpieza de infecciones, la fruta era usada para el exceso de bilis, las pencas como apósito caliente para aliviar inflamaciones, y la raíz para el tratamiento de hernia, hígado irritado, úlceras estomacales y erisipela. Actualmente es parte del escudo nacional mexicano y todavía tiene usos medicinales y alimenticios muy variados.

En adición a la función de la fibra señalada antes, se sabe que ayuda a la prevención del cáncer de colon, a disminuir ciertos trastornos digestivos como es el estreñimiento, la diverticulosis, entre otros más, así como también el nopal se ha usado desde hace muchos años para el control de la diabetes y la arteriosclerosis.

Los aspectos medicinales más recientes del nopal incluyen el tratamiento de la celulitis, y para la aceleración del metabolismo de la glucosa en la sangre debido a la estimulación de la secreción de insulina, hormona importante para la utilización de la glucosa por el organismo, lo que trae como consecuencia que no se acumule este carbohidrato y por lo tanto no se sinteticen ácidos grasos ni colesterol. Debido al alto contenido de minerales, se dice que el nopal ayuda a la eliminación de toxinas presentes en el organismo, previniendo muchas enfermedades relacionadas con este tipo de sustancias. Debido al mucílago se ha visto que ayuda a la prevención y tratamiento de úlceras gástricas. También se ha observado que el consumo del nopal tiene funciones antiestresantes.

VI.3 Tuna: composición
y propiedades nutricionales

La tuna del nopal cardón, *Opuntia streptacantha* Lemaire, es recolectada para consumo en fresco o para ser procesada rústicamente en pequeñas industrias familiares y obtener queso de tuna (dulce), melcocha (mermelada) y colonche (bebida alcohólica). El consumo de la tuna en fresco y de los productos procesados se concentra en el campo y en las ciudades del centro-norte de México.

Para evaluar la importancia del nopal tunero en la economía agrícola del país, hay que tomar en cuenta que hacia fines del siglo xx por superficie de producción este cultivo ocupó el séptimo lugar entre los frutales y que por el volumen de su producción se ubicó en el décimo lugar, de entre los 15 frutales más importantes del país. Y el consumo *per capita* de tuna promedio anual fue de 3.7 kilogramos, ocupando el noveno lugar de consumo entre los frutales.

Se ha encontrado que si bien en la producción de tuna existen productores empresariales exportadores de tuna, en el cultivo del nopal dominan los productores campesinos. En cuanto a tenencia de la tierra, en la producción de tuna participan más de veinte mil productores, la mayoría son productores ejidatarios y el resto son pequeños propietarios.

El nopal tunero constituye una aportación de México al mundo, ya que todas las variedades de importancia económica actual tienen su origen en materiales provenientes de México. En el contexto mundial, México es uno de los principales países productores de tuna; sin embargo, su volumen de exportación no es muy elevado todavía. Se exporta principalmente a Estados Unidos de América y Canadá, y últimamente también a Francia, Japón, Suiza y ocasionalmente a otros países.

En términos de nutrientes, la tuna tiene una composición interesante, como la muestran los datos del cuadro VI.1. Adicionalmente a los azúcares señalados, la tuna es una buena fuente de minerales.

VI.4 Retos científicos y tecnológicos

Debido a los usos del nopal en diversos productos, así como los efectos nutracéuticos del mismo y de la tuna, se deberían generar variedades de nopal que produjeran cladiodos y tuna con una composición química determinada y una mayor vida de anaquel. Habrá que buscar nuevos materiales genéticos con mayor rendimiento de cladiodos y tunas por hectárea, así como también variedades de nopal resistentes a plagas. Con técnicas de biología molecular se deben buscar

CUADRO VI.1. *Composición química de la tuna*

Componente	Pulpa	Cáscara	Semilla
COMPOSICIÓN GENERAL (porcentaje base seca)			
Proteína	5.13	8.30	11.80
Lípidos	0.97	2.43	6.77
Fibra total	20.50	40.80	54.20
Almidón	4.55	7.12	5.35
CARBOHIDRATOS (porcentaje base seca)			
Sacarosa	0.22	2.36	—
Glucosa	35.00	21.00	—
Fructosa	29.60	2.89	—
MINERALES (mg/100 g base seca)			
Calcio	163	2 090	158
Magnesio	76.1	322	208
Sodio	7.7	0.85	0.83
Potasio	559	3 430	275
Fósforo	0.06	0.06	110
Hierro	16.5	8.31	12.1
Cobre	0.7	0.8	0.8
Zinc	1.55	1.7	4.16
Manganeso	6.9	72.9	0.83
Molibdato	0.3	0.3	0.3

plantas de nopal que funcionen como biorreactores para sobreexpresar metabolitos de interés farmacéutico, nutricional o industrial.

Es fundamental desarrollar nuevos productos alimenticios o la mejora de algunos ya existentes a base de nopal que pudieran competir en el mercado nacional e internacional. En el aspecto biotecnológico se debe considerar la producción de jarabes de fructosa a partir del aguamiel, con base en la funcionalidad que dan los jarabes fructosados a diversos productos y el menor aporte calórico. Otro de los retos es la extracción de polisacáridos presentes en el nopal para ser utilizados en diversas aplicaciones como pueden ser el de agentes espesantes en alimentos, pinturas, pegamentos, etc., y para la elaboración de películas o recubrimientos biodegradables, así como la elaboración de shampoo a base de nopal, jabones que dan mayor turgencia a la piel y de cosméticos con mejores características.

En la actualidad los consumidores demandan productos más naturales o "verdes" que no presenten riesgos para la salud y al medio ambiente. Esta planta y su fruto tienen el potencial para los aspectos previos; crece y se desarrolla en las regiones más pobres, y con su rescate y empleo racional crearía riqueza y dejaría de ser solamente una parte del emblema nacional.

VI.5 Bibliografía

Pimienta Barrios, E. (1990), *El nopal tunero,* Universidad de Guadalajara, Guadalajara.

Bravo, H. (1978), *Las cactáceas de México,* unam, México.

Carrillo-López, A., A. Cruz-Hernández, A. Cárabez-Trejo, F. Guevara-Lara y O. Paredes-López (2002), "Hydrolytic activity and ultrastructural changes in fruit skins from two prickly pear *(Opuntia* spp.) varieties during storage", *Journal of Agricultural and Food Chemistry* **50** : 1681-1685.

Silos-Espino, H., L. Fabian-Morales, J. A. Osuna-Castro, M. E. Valverde, F. Guevara-Lara y O. Paredes-López (2003), "Chemical and biochemical changes in prickly pears with different ripening behaviour", *Nahrung* **47** (5) : 334-338.

VII. Otras exquisiteces mesoamericanas

El chile —junto con el maíz y el frijol— fue básico en la alimentación de las culturas de Mesoamérica, que es considerada su lugar de origen y domesticación. El nombre viene del náhuatl, *chilli*, pero en Sudamérica se le llama ají. En la época prehispánica, las palabras *cococ, cocopatic* y *cocopalatic,* de origen náhuatl, eran utilizadas para clasificar a los diferentes tipos de chile según su grado de pungencia, como picante, muy picante y picantísimo. El chile fue llevado de América a Europa y después a Asia y África, siendo hoy en día un cultivo mundial. En la actualidad, la diversidad de formas, tamaños y los diferentes sabores picantes de estos frutos ofrecen la posibilidad de saborear deliciosos platillos como los chiles rellenos, los diferentes tipos de moles, así como la gran diversidad de salsas utilizadas para acompañar los tradicionales y no tradicionales alimentos y bocadillos actuales. En muchos guisados sencillos o complejos los chiles son ingredientes que no pueden faltar.

El chile pertenece al género *Capsicum* de la familia de las Solanáceas; este género incluye 26 especies, pero sólo 12 son aprovechadas por el ser humano, y de éstas sólo cinco son cultivadas y domesticadas. Estas especies son: *C. annuum* (de la cual existen variedades tales como jalapeño, ancho, serrano, pasilla, guajillo, chile de árbol y piquín, entre otras), *C. baccatum, C. chinense* (chile habanero), *C. frutescens* (chile tabasco) y *C. pubescens* (chile manzano).

México es el país con mayor diversidad genética del género *Capsicum,* pero no es el principal productor mundial: se encuentra en sexto lugar, después de China, España, Turquía, Nigeria e India. El estado de la República Mexicana con mayor producción de chile es Zacatecas, donde se cosechan 40 mil hectáreas de las 155 mil que se reportan de este cultivo en el país.

Desde el punto de vista nutricional, el chile tiene minerales, como calcio, hierro, fósforo y alto contenido de potasio; además, cuenta con cantidades apreciables de vitaminas A y C. El consumo del chile ha sido asociado con la cura de ciertas enfermedades que van desde la cicatrización de una simple herida hasta la prevención de infartos, aunque este conocimiento es empírico y merece estudios científicos profundos.

Por otro lado, el compuesto que produce el sabor picante y astringente del chile es el alcaloide capsaicina, el cual es un metabolito secundario producido cuando el fruto empieza a desarrollarse y que actúa como una sustancia de defensa para evitar el ataque por depredadores. Además, según el contenido de capsaicina es el grado de picor del chile, el cual es medido en unidades Scoville. Por ejemplo, la capsaicina pura tiene 16 millones de unidades Scoville y el chile habanero tiene de 150 000 a 300 000 unidades.

En la actualidad, como parte de la medicina tradicional mexicana, el chile es utilizado como estimulante y en el tratamiento de malestares digestivos y respiratorios. La capsaicina estimula la membrana mucosa de la boca y el estómago, incrementando la secreción salival y estimulando el apetito, pero además en el estómago estimula la producción de mayor cantidad de jugos gástricos, que protegen al órgano. Adicionalmente, se utiliza el chile para el control y tratamiento de infecciones parasitarias. La capsaicina tiene efectos antiinflamatorios, antiirritantes y ayuda a la prevención del dolor, por lo que diversos productos farmacéuticos contienen este compuesto en su formulación. Por eso el consumo de chile además de cumplir una función totalmente culinaria y nutritiva puede ayudar en la prevención de padecimientos.

VII.2 Tomate

Otro cultivo domesticado en México es el tomate, aunque el origen del género *Lycopersicon* se localiza en la región andina, que se extiende desde el sur de Colombia hasta el norte de Chile. Existen reportes de que en el siglo XVI se consumían en México tomates de diversas formas y tamaños, de colores rojos y amarillos. De aquí fue llevado por los españoles a Europa, donde se extendió su cultivo por Italia y otros países mediterráneos. El tomate es la hortaliza más difundida en todo el mundo y la de mayor valor económico, ya que es muy difícil preparar un platillo sin el uso del tomate. En cuanto a su producción, México ocupa el décimo lugar en el ámbito mundial, con un promedio de 2.2 millones de toneladas. El consumo del tomate en México es muy variado; se utiliza en forma fresca para la preparación de ensaladas, diversos platillos y principalmente para la elaboración de salsas, que forman parte importante de la alimentación cotidiana de los mexicanos.

El tomate es un producto muy perecedero, por lo que su manejo poscosecha debe ser muy cuidadoso; debido a lo anterior, y para tener esta hortaliza disponible durante todo el año, se industrializa para producir o preparar lo que se conoce como pasta de tomate, la cual es la base para la preparación de puré y salsa catsup. Por otro lado, debido a la importancia nutricional de consumir el fruto fresco, se ha logrado obtener un tomate transgénico, cuyo proceso de maduración es más lento y se puede lograr la maduración hasta después de 2-3 semanas del corte, lo cual puede hacer que el producto llegue en buenas condiciones cuando se transporta vía marítima desde América hasta Japón u Oceanía.

El cultivo del tomate requiere condiciones climáticas bastante estrictas; la temperatura óptima de desarrollo se encuentra entre 20 y 30 °C, ya que temperaturas superiores a los 30-35 °C afectan la fructificación. Temperaturas inferiores a 12 °C también originan problemas en el desarrollo de la planta. Es por eso que en ciertas épocas del año las amas de casa dicen que los precios del tomate "están por las nubes" y es necesario recurrir en muchas ocasiones al uso de puré o tomates enlatados, por ser más económicos.

Conociendo la demanda que tiene el tomate y los pocos requerimientos nutricionales del cultivo, se ha recurrido a los cultivos conocidos como orgánicos, en los cuales se utilizan invernaderos con temperaturas controladas, se usan macetas con diversos tipos de suelos, sobre todo aquellos de tipo arcilloso, que permiten la fácil difusión del agua y nutrientes hacia las raíces, y un riego por goteo constante, donde se mezclan con el agua ciertas sales orgánicas. Todo esto hace que no sea necesario el uso de fertilizantes e insecticidas químicos; de ahí su nombre de tomates orgánicos. En estos sistemas se logra incrementar apreciablemente el rendimiento de la planta y a pesar que el sistema de producción puede resultar caro, se logran compensar los costos, debido a que las pérdidas también son mínimas comparadas con el cultivo en campo.

La contribución nutricional de este cultivo al mundo, ha sido debida a que el tomate, además de aportar compuestos como vitaminas y minerales, contiene el típico pigmento rojo del fruto maduro llamado licopeno, al cual se ha identificado como un potente agente antioxidante natural que ayuda en la prevención de diversos tipos de cáncer.

Existen informes de que en la Universidad de Purdue y en el Departamento de Agricultura de Estados Unidos de América estaban tratando de desarrollar un tomate transgénico con mayor vida de anaquel, pero concurrentemente encontraron un tomate que contenía licopeno en niveles tres veces mayores que un tomate normal. El consumo de licopeno a partir de los tomates está relacionado con una disminución en un 45% de contraer cáncer de próstata. Otros estudios clínicos han demostrado que el consumo de tomate con licopeno puede ayudar a reducir el contenido de colesterol "malo" en la sangre y con esto ayudar a la prevención de enfermedades cardiacas.

También el consumo de tomate se ha relacionado con la disminución del ácido úrico y reducción del dolor artrítico. Las investigaciones realizadas por algunos grupos en el mundo han puesto de manifiesto que los efectos que tiene el licopeno cuando se obtiene al consumir un tomate son muy diferentes y superiores que cuando se toma una pastilla con esta sustancia. Por eso actualmente al tomate y a sus productos se les consideran alimentos nutracéuticos que deben ser parte importante de la dieta diaria.

VII.3 Aguacate

El aguacate es un árbol originario de México que después se difundió hacia las Antillas a países como Cuba, donde al fruto se le conoce como "pagua"; a Sudamérica, donde en Venezuela se le conoce como "cura"; y a Perú, donde se le denomina "palta". El árbol pertenece a la familia de las Lauráceas y su nombre científico es *Persea americana;* es extremadamente vigoroso (con un tronco ancho), pudiendo alcanzar hasta 30 metros de altura. Se pueden encontrar árboles de aguacate desde el nivel del mar hasta los 2 500 metros; sin embargo, para tener mejor rendimiento y calidad del fruto se recomienda su cultivo en altitudes entre 800 y 2 500 metros; esto con la finalidad de evitar problemas con enfermedades, principalmente de las raíces. La temperatura y la precipitación son los dos factores de mayor importancia en el desarrollo del cultivo.

Existen variedades, como la raza antillana, que son poco resistentes al frío, mientras que las variedades de la raza guatemalteca son más resistentes, y las mexicanas son las que presentan la mayor tolerancia al frío. Las lluvias abundantes durante la floración y la fructificación reducen la producción y provocan la caída del fruto; por otro lado, las sequías prolongadas provocan la caída de las hojas, lo que reduce el rendimiento. Se considera que una precipitación pluvial de 1 200 mm anuales bien distribuida es suficiente para un buen desarrollo de los frutos.

En condiciones normales del cultivo, la primera cosecha comercial en árboles injertados ocurre a los cinco años, y la cantidad de frutos que produce cada árbol depende de la variedad así como los cuidados que haya tenido la planta durante su desarrollo. A los cinco años, generalmente se cosechan 50 frutos; a los seis años 150 frutos; a los siete años 300 frutos, y 800 frutos a los ocho años.

En algunas variedades, como la "Hass", la "Fuerte", y otras de fruto pequeño, cada árbol puede producir entre 1 000 y 1 500 frutos al año, cuando éste ya tiene una vida de diez años. Las variedades que crecen en altitudes bajas empiezan a producir entre abril y agosto, las de alturas medias entre junio y septiembre, y las que se encuentran en lugares altos entre septiembre y abril.

Para que el fruto madure debe ser cortado del árbol y puesto en condiciones especiales de almacenamiento para que desarrolle su mejor aroma y sabor. A este tipo de frutos se los conoce como climatéricos, debido a que presentan un proceso de respiración bien definido durante su desarrollo y maduración.

El grado óptimo de madurez del fruto para realizar la recolección es difícil de determinar por la diversidad de variedades y ambientes, por las variaciones en la duración del periodo de la floración a la cosecha, y por las diferencias en el contenido de aceites que se van acumulando durante la maduración del fruto. El criterio de madurez que ha prevalecido se basa en el contenido de grasa en el fruto. La recolección se hace a mano utilizando escalera, y se corta el pedúnculo por encima de la inserción con el fruto.

Dado que el fruto del aguacate tiene una actividad respiratoria muy intensa después de recolectado, su almacenamiento por periodos largos se hace difícil. La magnitud de la respiración del fruto depende de las variedades, grado de madurez y de las condiciones ambientales de la zona y del almacenamiento. Por esta razón, la conservación de los frutos de aguacate destinados a la exportación se realiza en cámaras o almacenes con atmósfera controlada.

El porcentaje de materia seca tiene un alto grado de correlación con el contenido de aceite y se usa como índice de madurez en la mayoría de las áreas productoras de aguacate; el mínimo requerido de materia seca varía de 19 a 25%, dependiendo de la variedad; por ejemplo, se reporta que para la variedad "Fuerte" debe ser de 19.0%, para la "Hass" de 20.8% y para la "Gwen" de 24.2%.

Una vez que el fruto ha sido cortado se inicia la producción de etileno, la cual aumenta considerablemente con la maduración cuando es almacenado a 20 °C. Si se quiere acelerar el proceso de maduración del aguacate, se lleva a cabo un tratamiento con este gas (etileno), el cual depende de la variedad y del grado de madurez fisiológica del aguacate. Por ejemplo, una práctica común es realizar un tratamiento con 100 partes por millón de etileno a 20 °C por 48 horas cuando se tienen frutos de estación temprana, el tiempo es menor (24 horas) cuando son aguacates que se llaman de estación media, o 12 horas cuando los frutos son de estación tardía; este tratamiento induce la maduración de consumo en 3-6 días. ¿Cómo saber que un aguacate ya está maduro y apto para su consumo? Los indicadores que se usan son el ablandamiento de la pulpa (ésta se torna más suave), y el cambio del color de la piel, generalmente del verde al negro, como en el caso del aguacate "Hass". Los aguacates maduros requieren de cuidado en su manejo para minimizar los daños físicos.

Como se mencionaba, el aguacate necesita condiciones especiales de almacenamiento para retardar la maduración y para que se pueda conservar el producto durante mayor tiempo. El aguacate cuando es cortado inicia la producción de etileno, el cual es un agente que induce la maduración del fruto, pero si se quiere retardar la producción de etileno y por lo tanto la maduración, el fruto debe ser almacenado bajo atmósferas controladas.

Por ejemplo, la atmósfera controlada que más se utiliza para retardar el ablandamiento y los cambios del color en la cáscara es la que contiene 2-5% de oxígeno y 3-10% de dióxido de carbono. Si a esto se le combinan temperaturas de refrigeración, el proceso de maduración se alarga aún más, ya que se ha visto que esta atmósfera controlada reduce el daño por frío del aguacate. En el caso del aguacate "Hass" con un grado de madurez verde-maduro puede conservarse entre 5-7 °C en una atmósfera controlada de 2% de oxígeno y de 3-5% de dióxido de carbono por nueve semanas, y entonces madurarse en una cámara con únicamente aire a 20 °C para alcanzar una buena calidad de consumo.

Con respecto al contenido nutricional del fruto, el cuadro VII.1 muestra la composición promedio de sus componentes nutrimentales más importantes.

El aguacate está libre de colesterol y sólo contiene 15 gramos de grasa en cada porción de 100 gramos de fruto que se consume, que según los nutriólogos es una grasa "buena", ya que está compuesta de ácidos grasos del tipo monoinsaturados, de los cuales el principal es el ácido oleico. Además, la grasa poliinsaturada es rica en ácido linoleico, por lo que, al igual que el aceite de oliva, el pescado azul, el ajo y la manzana, ayuda a contrarrestar el efecto dañino al organismo de las grasas saturadas contenidas en los productos animales.

El consumo de este tipo de grasa presente en el aguacate reduce el riesgo de sufrir alguna enfermedad vascular, como infartos o

CUADRO VII.1. *Composición química del aguacate crudo*
en 100 gramos de pulpa húmeda

Componente	Contenido	
Agua	72	g
Energía	183	Kcal
Grasa total	15	g
Grasa saturada	3	g
Grasa monoinsaturada	9	g
Grasa poliinsaturada	3	g
Proteínas	3	g
Carbohidratos	9	g
Fibra dietaria*	9	g
Vitamina B_1	0.11	mg
Vitamina B_2	0.12	mg
Vitamina B_6	0.28	mg
Vitamina C	7.9	mg
Vitamina A	61	UI
Vitamina E	1.34	mg
Ácido fólico	62	μg
Niacina	1.9	mg
Potasio	600	mg
Magnesio	39	mg
Fósforo	41	mg
Sodio	10	mg
Calcio	11	mg
Hierro	0.40	mg
Zinc	1	mg
Cobre	0.26	mg

*Considerada dentro de carbohidratos.

hemorragias cerebrales. Su alto contenido de lecitina resulta interesante en este mismo aspecto, ya que es necesaria en el metabolismo de las grasas y muy útil en la lucha contra el colesterol y en la prevención de la arteriosclerosis.

El aguacate es uno de los frutos que más fibra dietaria contiene, similar a los niveles de la guayaba (hasta 12 gramos/100 gramos de pulpa húmeda) o del mango (8 gramos/100 gramos de pulpa húmeda) y tiene un 60% más potasio que un plátano mediano. El aguacate contiene buena proporción de vitaminas del complejo B, como el ácido fólico (vitamina B_9), muy importante y recomendado por los ginecólogos a las embarazadas durante las primeras etapas de la gestación, ya que esta vitamina ayuda a la formación del tubo neural del bebé. La vitamina E es un potente antioxidante natural y también se encuentra en buena proporción en este fruto.

Además, el aguacate tiene amplio uso en mascarillas para la cara o la piel; el aceite de aguacate se utiliza para evitar la caída del cabello y fortalecer el cuero cabelludo ayudando a la salida de nuevo cabello, todo esto debido a la gran diversidad de compuestos presentes en un solo producto. Muchas personas recomiendan el consumo de aguacate en padecimientos como la artritis reumatoide o durante el padecimiento de la gota.

Las hojas, la semilla ("hueso") y la cáscara de algunas variedades de aguacate tienen también un amplio uso en la medicina tradicional de México y de varios países latinoamericanos: la infusión o el polvo de ellas son utilizados en el tratamiento para eliminar parásitos, en la disentería, en pacientes epilépticos, para aliviar el dolor del hígado, para la diarrea, el mareo, entre otros muchos padecimientos más, que también incluye el poner cataplasmas con las hojas y aceites vegetales.

Así que este recurso nativo y originario de México, con gran valor nutricional y farmacológico, debe ser mejor aprovechado por todas las bondades que aporta al organismo. Al consumir aguacate, además de disfrutar un gusto exquisito al paladar en nuestras salsas o en el internacionalmente famoso "guacamole", se obtienen beneficios a la salud.

La calabaza, cuyo nombre científico es *Cucurbita pepo* L. —y que los antiguos pobladores de México en náhuatl la llaman *ayolt*—, junto con otros cultivos originarios o domesticados en Mesoamérica, ha constituido la base de la alimentación de los habitantes de esta región. La calabaza es una hierba reptante cuyo ciclo es anual, y alcanza una longitud de hasta 10 metros. Su tallo es hirsuto y acanalado; las hojas, que miden hasta 10 centímetros, son acorazonadas, lobuladas y unisexuales con el cáliz unido a la corola; las partes masculinas tienen los estambres soldados en columna. Cuando la planta florea, que es al inicio de la temporada de lluvias, las flores que son de color amarillo intenso son colectadas para preparar las famosas quesadillas de flor de calabaza.

El fruto de esta hierba es muy variable, y se lo conoce como calabaza o calabacín. Debido a esta diversidad, los frutos son utilizados como vegetal para la preparación de ensaladas, en la elaboración de sopas y como verdura en caldos. También con el fruto se prepara el dulce de calabaza, que es muy tradicional en México en las festividades de los difuntos.

Las semillas se secan y se utilizan para la preparación de dulces así como las famosas semillas de calabaza, las cuales una vez secadas suelen consumirse como una botana y en muchos lugares del sur de México suelen acompañar un buen taco. La calabaza contiene diversos aminoácidos esenciales, ácidos grasos como el linoleico, oleico y palmítico, y vitaminas como la A y C. Como todos los vegetales, es buena fuente de fibra dietaria, contiene minerales como el calcio, magnesio, potasio y hierro, así como sacarosa.

Los ácidos grasos encontrados en la calabaza pertenecen a los tipos llamados omega 3 y omega 6, los cuales ayudan al organismo a la prevención de enfermedades cardiovasculares, diversos tipos de cáncer, enfermedades inflamatorias, pulmonares y de la piel, por lo que el consumo de calabaza es una forma económica de ingerir estos compuestos, que son, de otra forma, principalmente encontrados en pescados.

Debido a la cantidad de compuestos presentes en la calabaza, además de su efecto alimentario o nutricional, es utilizada para eliminar lombrices intestinales. Las semillas, gracias a su alto contenido de ácido salicílico, ayudan a la prevención de enfermedades reumáticas; además, la calabaza es un buen laxante que no irrita el estómago, y ayuda en el tratamiento de la hipertrofia prostática benigna, ya que contiene una sustancia denominada cucurbitacina, que influye en la dihidrotestosterona, con lo cual evita que ésta produzca el aumento del tamaño de la próstata. En virtud de que la calabaza es muy diurética, se recomienda su consumo en personas con problemas renales así como en personas con problemas de obesidad y estreñimiento.

VII.5 Cacao

El árbol del cacao pertenece a la familia de las Esterculiáceas, y su nombre científico es *Theobroma cacao* L.; crece en los trópicos húmedos de América, noroeste de América del Sur y zona amazónica, aunque su cultivo se ha extendido a otras zonas tropicales del mundo, como la isla de Java y África Occidental. El cacao ya era conocido en México cuando, en el año 1520, desembarcaron los españoles. Se utilizaba en forma de chocolate. Según los antiguos pobladores de México, el árbol tenía origen divino y las semillas cayeron del cielo (en griego, *theos* significa 'dios', y *broma* 'alimento'). Aztecas y toltecas cultivaban los árboles de cacao para elaborar un producto precursor del chocolate.

A su llegada a México los conquistadores españoles fueron sorprendidos por la moneda corriente que aquí se utilizaba: el grano de un árbol domesticado y cultivado por los mayas —al cual llamaban *cacau*— y por los aztecas, entre quienes tenía el nombre náhuatl de *cacahuatl*. Los granos eran extraídos, lavados y depositados en una superficie de arcilla roja; ya secados al sol y endurecidos adquirían un enorme valor, que duraba tres años, tiempo del poder nutricional del grano. Hernán Cortés, a su paso por lo que ahora es el estado de Tabasco, probó el *xocolatl*, bebida exótica preparada con especias, granos de cacao y chile. Más tarde, los frailes modificaron el *xocolatl,* haciéndolo dulce, perfumado y caliente, y le añadieron canela o vainilla; así fue conocido y adoptado por las cortes españolas, donde lo mezclaron con leche. Al ser llevado a Europa, el chocolate pasó a ser un producto de lujo reservado a las clases sociales altas.

El árbol es de tamaño mediano (5-8 metros), aunque puede alcanzar alturas de hasta 20 m cuando crece libremente bajo sombra intensa. Su corona es densa, redondeada y con un diámetro de 7 a 9 metros. El tronco es recto, si bien se puede desarrollar en formas muy variadas, según las condiciones ambientales. Los factores climáticos críticos para el desarrollo del cacao son la temperatura y la lluvia. A éstos se le unen el viento y la luz o radiación solar. El cacao es una planta que se desarrolla bajo sombra, por lo cual normalmente se encuentra bajo árboles más grandes como el cedro, el bucare, el mango o el plátano, entre otros. La humedad relativa también es importante ya que puede contribuir a la propagación de algunas enfermedades del fruto. Estas exigencias climáticas han hecho que el cultivo de cacao se concentre en las tierras bajas tropicales.

La parte importante de la planta es el fruto, cuyo tamaño, color y formas son variables, pero generalmente tiene forma de baya, de 30 centímetros de largo y 10 centímetros de ancho, y es de color rojo, amarillo, morado o café. Los frutos se dividen interiormente en cinco compartimentos o celdas. La pulpa es blanca, rosada o café, de un sabor ácido a dulce y aromática. El contenido de semillas por baya es de 20 a 40 y son planas o redondeadas, de color blanco, café o morado, de sabor dulce o amargo dependiendo de la variedad del cacao. El árbol del cacao normalmente tiene entre 10 y 15 frutos, pero en algunas ocasiones puede llegar a 20.

Hay dos tipos de cacao: uno es rojo y al madurar se transforma en morado, y el otro es verde y cuando madura se torna amarillo. Las semillas de cacao frescas se pueden consumir directamente; similares a las de la guanábana, están cubiertas por una sustancia gelatinosa y tienen un sabor dulce, el cual es apreciado por muchas personas. Cuando el fruto está maduro, se corta y aquí empieza lo que se conoce como el beneficio del cacao, que consiste en una fermentación de los granos, los cuales una vez que son separados del interior del fruto, son colocados en unas bateas elaboradas con troncos huecos, principalmente de caoba, lo cual ayuda a acentuar el aroma del cacao; también se pueden colocar sobre hojas de plátano bajo la sombra por 3 a 6 días, para que se fermenten. En este paso del beneficio del cacao es importante que las semillas no se mojen con la lluvia. Luego los granos son puestos al sol para un secado, proceso que puede tomar otros 4-6 días dependiendo de la temperatura ambiente, y posteriormente se tuesta en tambos u hornos con quemadores de gas, se descascara y se obtiene la parte valiosa del fruto, que son las almendras.

Las almendras se pasan por un molino y luego por una refinadora para obtener la pasta de cacao, la cual es la base para la elaboración del chocolate, el cual se prepara añadiendo a esta pasta azúcar, canela o vainilla, dependiendo del tipo de chocolate que se quiera elaborar.

El chocolate constituye sin duda uno de los alimentos que se toman con mayor placer en nuestra dieta, por su sabor agradable, por la variedad de productos y por el placer que proporciona su consumo. El chocolate y otros derivados del cacao aportan mucho más que bienestar psicológico y sensorial a la salud, ya que contienen elementos nutritivos altamente benéficos para el organismo como son algunas grasas, entre las cuales destaca la alta proporción de un ácido graso saturado conocido como ácido esteárico, que, a diferencia de otros ácidos grasos de este tipo, no aumenta el contenido de colesterol en la sangre. También contiene carbohidratos del tipo monosacáridos y disacáridos, que son fuente importante de energía; también se pueden mencionar minerales como el potasio, fósforo y magnesio, así como vitaminas como la B_1 y el ácido fólico, éstos últimos indispensables para el organismo, ya que actúan en la regulación del metabolismo.

En la actualidad ha cobrado gran importancia el cacao gracias a la cantidad de polifenoles presentes, ya que éstos actúan como poderosos agentes antioxidantes; tales componentes se han relacionado con la prevención y disminución de enfermedades cardiovasculares, debido a que contribuyen a evitar la oxidación del colesterol —esta oxidación genera lo que se conoce como colesterol "malo"—, así como a atrapar radicales libres que circulan por el torrente sanguíneo. Se ha comprobado que éstos últimos causan deterioro oxidativo a las células de diferentes tejidos y órganos, lo cual favorece la aparición de diferentes tipos de cáncer.

Por todo ello, un legado muy importante de nuestros antepasados, que tenía un valor tanto religioso como monetario —y que hasta hace poco era considerado como un alimento con gran aporte calórico por la cantidad de grasa presente—, hoy en día, además de ser una fuente importante de nutrientes, aporta ciertos efectos benéficos a la salud.

VII.6 VAINILLA

La vainilla es una planta trepadora de la familia de las orquídeas (*Vainilla planifolia*) que puede alcanzar unos quince metros de altura, con tallo cilíndrico y carnoso, raíces adventicias, hojas alternas alargadas, carnosas y brillantes, flores de color blanco amarillento hasta crema y un solo estambre. Su nombre en náhuatl es *tlilxochitl*, de *tlitic*, 'negro', y *xochitl*, que significa 'flor', por lo que su nombre significa 'flor negra', en referencia al color del fruto.

El fruto inmaduro tiene forma de *vaina*, razón por la cual los españoles, al descubrirla en América, la llamaron *vainilla*.

La vainilla es una aportación al mundo por parte de las culturas prehispánicas de México, y fue descubierta específicamente por la cultura totonaca, la cual se desarrolló en la región de Totonacapan, en lo que hoy comprende los estados de Veracruz y Puebla. En esta cultura la vainilla recibía el nombre de *xanath*, y fue una de las plantas de mayor importancia, lo que se pone de manifiesto en las diferentes tradiciones religiosas, ya que *xanath* representaba el centro de su cultura, así como lo fue el maíz para los mayas, los toltecas o los teotihuacanos.

La planta necesita de condiciones climáticas y geográficas muy particulares para su desarrollo, como es la altitud sobre el nivel del mar, que no debe rebasar los 800 metros. Además, tiene otro requerimiento peculiar, ya que la planta no se puede polinizar por sí misma:

necesita la intervención de manos humanas para juntar las partes masculinas y femeninas de la flor y así se pueda fecundar la planta. Este proceso fue todo un ritual en las antiguas culturas de México, una actividad que era propia de las mujeres, en especial las mujeres jóvenes y castas, que hacían este oficio durante la floración, la cual se lleva a cabo a finales de la primavera, cuando la planta se cubre de flores blancas, cuya vida no dura más de unas horas. Hasta hace algunos años, en la región de Papantla, Veracruz, se podía observar en los campos a cientos de jovencitas vestidas de blanco haciendo esta actividad, en lo que era la fiesta de *xanath*. Una vez fecundada la flor produce una especie de judías verdes relativamente brillantes, que son las vainas de vainilla.

A su llegada al nuevo mundo, los españoles se quedaron fascinados con el aroma de esta planta. El cronista Bernal Díaz del Castillo, quien acompañaba a Hernán Cortés en 1520, describe cómo el emperador Moctezuma bebía *xocolatl,* hecho con granos de cacao molidos y harina de maíz aromatizada con *tlilxochitl* (la vainilla en polvo) y miel. De inmediato la mandaron a España, aunque más tarde se trató de cultivar en las zonas cálidas de Asia, donde se aclimató muy bien, pero después de la floración no aparecían frutos, hasta que se descubrió el secreto de la polinización.

Después de que México era el único productor de vainilla en el mundo, ahora se produce en mayores cantidades en países de Asia, Polinesia, Madagascar, la Isla de la Reunión, Java, Uganda, Isla Mauricio y Tahití. Así pues, de primer productor de vainilla en el mundo, México hoy en día produce aproximadamente 20 toneladas de vainilla beneficiada, cantidad que resulta insignificante ante las 1 200 toneladas cultivadas en Madagascar.

Paradójicamente, en el estado de Veracruz, conocido como el centro de distribución, se produjeron tan sólo 4 toneladas en el 2003, cuando en los mejores tiempos (en los años setenta) se producían de 150 a 300 toneladas. Esta crisis se debe al exceso de vainas producidas en Madagascar, las cuales se comercializan a un precio muy bajo, con el cual los productores mexicanos son incapaces de competir. Adicionalmente a lo anterior, en la actualidad se comercializa un jarabe sintético sabor a vainilla, que es más barato y ha venido a desplazar a la vainilla natural.

La vainilla es un género con aproximadamente 120 especies. Actualmente son tres las especies comerciales: *V. planifolia, V. tahitensis* y *V. pompona.* De las tres, se puede decir que *V. planifolia* representa aproximadamente del 90 al 95% de la producción comercial. Esta especie tiene su centro de diversidad y área de origen en México, específicamente en la Sierra de Juárez, Oaxaca. La diversidad genética de la vainilla cultivada en el mundo es mínima, por lo que México como centro de origen es la mejor fuente para encontrar otras variedades o especies.

Las vainillas silvestres mexicanas pueden representar una opción a la producción actual. Por ejemplo, en el sur de México se han descubierto vainillas que se autopolinizan. Aunque también existen casos de variedades de vainilla que han devastado cultivos enteros. El cultivo de Oreja de Burro, en apariencia muy similar a la variedad "mansa", afectó a los vainilleros de Puebla cuando propagaron sus esquejes sin saber que esta planta se caracteriza por abortar del 80 al 100% de sus vainas después de tres meses de la polinización.

Los frutos se cortan una vez que empiezan a tomar un color amarillo, por los meses del otoño; aquí inicia el proceso de beneficio de la vainilla. Los frutos son colocados en agua hirviendo o expuestos a una radiación solar fuerte; a continuación se introducen en cajas o barriles forrados con lona con la finalidad de que eliminen el agua que contienen en su interior; este proceso tiene una duración aproximada de dos días. Posteriormente, las vainas son secadas al Sol, lo cual produce una fermentación que le da el peculiar color café oscuro y se produce el fuerte olor característico de la vainilla. Finalmente, para que las vainas desarrollen mejor sus propiedades, se extienden sobre bateas bajo cobertizos ventilados hasta que estén suficientemente secas para ser clasificadas y empacadas, o bien son depositadas en el interior de toneles de madera colocados en un lugar bien ventilado; este proceso dura entre seis y ocho meses. Cuando la vainilla está seca produce una especie de escarcha compuesta por finos cristales de vainillina o aldehído aromático.

El aceite esencial de la vainilla contiene infinidad de compuestos, entre los que se pueden mencionar vainillósido o glucovainilla (que se hidroliza en glucosa y vanillina), alcohol glucovanílico (hidrolizable en glucosa y alcohol vanílico, que por oxidación se convierte en aldehído vanílico o vanillina), alcohol anísico, anisaldehído, piperonal, y ácido p-hidroxibenzoico. El aceite esencial puro puede ser neurotóxico y producir dermatitis de contacto.

El uso de la vainilla dentro de la medicina tradicional mexicana se remonta a la época prehispánica, donde bastaba mezclar el cacao con la vainilla y otras plantas para curar enfermedades de riñón, vejiga, tos, fiebre, aliviar los dolores del vientre durante la menstruación, acelerar el parto, disipar tumores y fortalecer el cerebro. Su uso con este fin se sigue manteniendo en los estados de Veracruz e Hidalgo para contrarrestar la fiebre y aliviar el dolor del vientre. El cocimiento de la vaina en agua hirviendo, como té, también es recomendado como eficaz diurético. Es estimulante y reconocida contra malestares del estómago. Además, ha sido reconocida contra la picadura de animales ponzoñosos.

El principal uso de la vainilla es como saborizante en diferentes alimentos, ya que debido a sus propiedades aromatizantes se utiliza en licores, chocolates, dulces, tabacos, helados, productos de panadería y repostería en general. ¿Quién no ha probado un helado de vainilla o un flan napolitano?, que además de estar deleitando al paladar, está consumiendo un producto que tiene altos efectos nutracéuticos, por lo cual es necesario incrementar su consumo. A pesar de que es un producto de origen netamente mexicano, está dejando de producirse y consumirse, ya que no se ha sabido apreciar este rico legado mágico de nuestros antepasados y que debemos de rescatar por todas las bondades que ofrece.

VII.7 Chía

La chía, cuyo nombre científico es *Salvia hispanica* L., es una planta anual de verano de la familia Labiatae. Es una planta originaria de áreas montañosas que se extienden desde México hasta Guatemala, y para los mayas era uno de los cultivos básicos de su alimentación. Sin embargo, también se ha reportado que la chía, junto con la quinoa y el amaranto, conformaban parte importante de la alimentación de las civilizaciones precolombinas de América del Sur, donde la semilla (véase la figura VII.1) pudo haberse trasladado durante la conquista española.

Las civilizaciones precolombinas utilizaron la semilla de la chía para preparar medicamentos, pero su uso se extinguió con la conquista española al igual que otros cultivos como el amaranto; no obstante, ahora que se sabe de la gran importancia nutricional y medicinal de estos recursos olvidados, se trata de impulsar su cultivo y su consumo. Durante siglos la semilla de chía fue utilizada como uno de los alimentos principales por grupos indígenas del suroeste de Estados Unidos y en todo el territorio de lo que hoy es México. La semilla era conocida como el alimento de los caminantes, debido a que su aporte energético era prolongado y constituía un alimento de resistencia.

Figura VII.1. *Semillas de chía*

Se menciona en los antiguos documentos que los aztecas consumían la semilla de chía antes de una batalla, lo cual los llevó a dominar a la mayoría de las tribus que habitaban el Valle de México. No se sabía por qué esta pequeña semilla daba tanta energía, pero el conocimiento de su consumo se fue transmitiendo de generación en generación.

En algunas regiones calurosas del país es común consumir agua de limón con semilla de chía, ya que dicen que refresca por más tiempo. Lo que sucede es que las semillas de chía tienen grandes propiedades hidrofílicas, lo que quiere decir que poseen la capacidad de absorber altas cantidades de agua, más de 12 veces su peso, por lo que, cuando una persona consume esas semillas que fueron colocadas en el agua de limón, éstas liberan gradualmente las diversas sustancias que contiene la semilla, gracias a lo cual mantienen el cuerpo hidratado durante mayor tiempo.

Adicionalmente a este beneficio, al consumir agua de limón con semillas de chía los coloides hidrofílicos mencionados se liberan en el estómago cuando la semilla es consumida y actúan como una barrera física entre los carbohidratos (por ejemplo) y las enzimas que los hidrolizan, por lo que éstos se van hidrolizando gradualmente. Otra parte de ellos sigue su tránsito hacia el intestino grueso, donde son eliminados, por lo que el aporte calórico de los alimentos altos en carbohidratos es mejor distribuido y reducido, fenómeno muy importante para personas con problemas de diabetes y obesidad, ya que ocasiona que se sienta la sensación de saciedad durante mayor tiempo.

Más aún, la proteína que contiene la chía (cuyo nivel es de una y media a dos veces mayor que el de la mayoría de las semillas) se digiere y absorbe muy fácilmente, lo cual resulta en un transporte rápido a los tejidos y su utilización por las células del organismo. Esta rápida asimilación de la proteína hace que la chía sea importante en la dieta de las personas en crecimiento y desarrollo, aunque también en las etapas del embarazo y lactancia. Además, en personas que se ven sometidas a altos esfuerzos musculares (levantadores de pesas y atletas en general) y por consecuencia con mayor incidencia de lesiones, la proteína de la chía ayuda a una rápida recuperación del tejido muscular.

Pero la gran cantidad de bondades de la semilla de chía no termina ahí, ya que en la actualidad es considerada como el producto vegetal con mayor concentración de ácido graso omega 3, que, como se ha mencionado antes (p. 123), es importante en la prevención de ciertas enfermedades cardiovasculares, neuronales y diferentes tipos de cáncer. La cantidad de aceite que contiene la semilla de chía es de tres a diez veces mayor que la concentración que tienen la mayoría de los granos. Estos ácidos grasos son importantes para poder disolver y absorber las vitaminas liposolubles, como las vitaminas A, D, E y K.

Los ácidos grasos que contiene la chía son considerados esenciales para el organismo humano, ya que éste no los puede sintetizar y es necesario obtenerlos de los alimentos, por lo que además de las funciones ya mencionadas son útiles para elaborar lípidos dentro del organismo que son necesarios para muchas funciones metabólicas, como aquellos que participan en la transmisión de las señales nerviosas y neuronales y en actividades glandulares.

Por lo tanto, un recurso originario de nuestra región, que ha sido dejado de lado por ignorancia u otros factores, se debe retomar como alimento nutracéutico importante para la salud de la población, puesto que se trata de otro rico legado mesoamericano.

VII.8 Bibliografía

Purseglove, J. W. (1968), *Tropical crops: Dicotyledons,* Wiley, Nueva York.

Rinzler, C. A. (1987), "Avocados", en *The Complete Book of Food: A Nutritional, Medical, and Culinary Guide,* World Almanac, Nueva York, pp. 16-17.

Slater, G. C., S. Shankman, J. S. Shepherd y R. B. Alfin-Slater (1975), "Seasonal variation in the composition of California avocados", *Journal of Agricultural and Food Chemistry* **23** : 468-474.

Smith, J., S. Goldweber, M. Lamberts, R. Tyson y J. S. Reynolds (1983), "Utilization potential for semi-tropical and tropical fruits and vegetables in therapeutic and family diets", *Proceeding of the Florida State Horticultural Society* **96** : 241-243.

VIII. El huitlacoche: exquisitez culinaria mexicana con altas propiedades nutracéuticas

VIII.1 INTRODUCCIÓN

EN VIRTUD de sus atributos sensoriales y nutricionales, los hongos han sido muy apreciados como parte de la dieta humana en muchas culturas; en la literatura romana abundan las referencias sobre hongos como delicadeza culinaria, y su consumo ha tenido lugar principalmente en el sureste de Asia, Europa y Mesoamérica.

Actualmente se conocen cerca de 2 000 especies de hongos comestibles; sin embargo, solamente unos pocos se cultivan y se comercializan. Cerca de 80 especies se han logrado cultivar en forma experimental, 22 han sido cultivadas comercialmente y sólo 10 se producen a escala industrial.

En México, desde la época de los aztecas se consume el *huitlacoche* o *cuitlacoche* ('suciedad dormida' o 'suciedad del cuervo') (figura VIII.1). Lo que se conoce como huitlacoche son las agallas o tumores que se forman en la mazorca de maíz por la acción del hongo *Ustilago maydis*. Generalmente se recolecta en su forma natural y se vende en estado fresco o enlatado; es un alimento muy popular en la zona centro y sureste de México; además, también presenta un alto valor nutricional. El huitlacoche es considerado una exquisitez culinaria y se prepara en gran diversidad de formas; sin embargo, la manera más popular de consumirlo es en forma de empanadas o "quesadillas".

FIGURA VIII.1. *Huitlacoche o cuitlacoche*

La popularidad del huitlacoche como comida típica mexicana de origen prehispánico ha rebasado las fronteras de México. Recientemente, la demanda de este exquisito hongo ha aumentado considerablemente y se ha introducido a los Estados Unidos, donde se le han asignado diferentes nombres como: "caviar azteca", "trufa mexicana" o "maizteca", entre otros.

Su descripción como delicadeza culinaria ha sido el tema de periódicos y revistas como *New York Magazine, Play Boy, Food Arts, Country Living, Science News, Bon Apetit, Vogue* y otras. El aumento en el consumo de huitlacoche en el país, así como en el extranjero, ha marcado la pauta para el desarrollo de tecnologías que conduzcan a la producción masiva de este inusual y apetecible hongo.

VIII.2.1 Descripción

U. maydis presenta dos tipos de esporas: *1)* las teliosporas (espora de resistencia con pared gruesa) que son diploides (dos copias de cada cromosoma) y pueden invernar largos periodos de tiempo, y *2)* las basidiosporas o esporidias (esporas haploides con una sola copia de cada cromosoma) que se producen por la germinación de las teliosporas, se multiplican por gemación y son saprofíticas (se nutren de compuestos degradados o restos orgánicos en descomposición). Se le puede encontrar creciendo en forma de levadura (esporidias) en diferentes medios de cultivo o como micelio dicariótico (dos núcleos yuxtapuestos), generalmente creciendo dentro de la planta de maíz.

En la figura VIII.2 se presenta el ciclo de vida de *U. maydis*. La basidiospora o esporidia germina y produce una hifa que infecta la planta de maíz; las hifas compatibles se fusionan, ocurre la plasmogamia (fusión de células) y se forma el micelio dicariótico que crece y ataca las zonas meristemáticas (tejido en crecimiento) de la planta; formándose agallas en cualquier parte aérea de ésta. La fusión nuclear o cariogamia (fusión de núcleos) ocurre antes de que se formen las teliosporas.

VIII.2.2 Factores que afectan el desarrollo del hongo

La patogenicidad, el dimorfismo y el desarrollo sexual están estrechamente conectados en *U. maydis* y las señales de la planta huésped probablemente desempeñan un papel importante en estos procesos. Se cree que el contacto con la superficie de la planta estimula muchos de los procesos que se llevan a cabo en esta enfermedad.

El crecimiento micelial y la fructificación de los hongos se ven afectados por una gran variedad de factores físicos, químicos, biológicos y ambientales. Entender la respuesta de las diferentes especies a estos factores es primordial para diseñar tecnologías apropiadas para la producción. Los hombres de campo, especialmente en México,

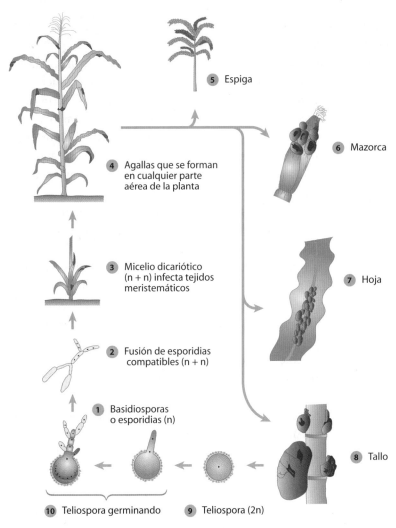

Figura VIII.2. *Ciclo de vida de* Ustilago maydis

han identificado los factores que estimulan la infección de *U. may-dis* en el maíz; sin embargo, científicamente no se sabe con certeza cómo ocurre ésta. Existe gran controversia en cuanto al efecto que tiene la humedad en el desarrollo del huitlacoche; pero se sabe que es necesaria para la germinación de las esporas, lo mismo que para el crecimiento del tubo germinativo antes de que el hongo invada la planta de maíz.

Por otro lado, las temperaturas relativamente altas favorecen la germinación de las teliosporas, gemación de esporidias, crecimiento del micelio filamentoso y formación de nuevas teliosporas. La mayoría de los investigadores coinciden en que el hongo se desarrolla muy bien entre 25-30 °C. El desarrollo de la planta es de vital importancia en el crecimiento del hongo; varios autores han observado que plantas más vigorosas y suculentas presentan más agallas y que éstas son mucho más grandes.

Los tratamientos que estimulan la producción y el vigor, como altas dosis de nitrógeno y materia orgánica, también incrementan la enfermedad significativamente. El vigor de la planta está directamente asociado con la susceptibilidad, mientras que la incidencia de la enfermedad está relacionada con la nutrición de la planta. Sin embargo, la incidencia de la enfermedad no sólo depende del vigor de la planta, sino también de la susceptibilidad y de las condiciones de crecimiento.

El daño mecánico en regiones meristemáticas laterales e internodales de las plantas también parece tener un efecto indirecto en el desarrollo de las agallas. El crecimiento de brotes se estimula cuando se le hace algún daño mecánico a la planta o cuando se inhibe la polinización, formándose aproximadamente el doble de agallas que en las plantas control.

Por otro lado, *U. maydis* tiene gran cantidad de líneas o biotipos con diferentes características fisiológicas y patogénicas, las cuales se pueden considerar como razas fisiológicas. Este hongo es predominantemente heterotálico (requiere del apareamiento de dos líneas compatibles para reproducirse en forma sexual), y por lo tanto nuevos biotipos surgen por hibridación en cada generación sexual, aunque también pueden aparecer por mutación. De una sola agalla es posible aislar una vasta gama de líneas haploides que difieren en su patogenicidad. Una sola hectárea de maíz puede contener muchos miles de agallas y el número de teliosporas sería virtualmente incontable.

La respuesta de la planta al ataque de este hongo está condicionada por la variabilidad del patógeno y del huésped; así como por los mecanismos de infección y el medio ambiente. Las variedades de maíz difieren en su susceptibilidad a este hongo y desde principios de siglo pasado se sabe que el maíz dulce es especialmente susceptible.

Los mecanismos de resistencia a *Ustilago* no están del todo entendidos; tampoco se conoce cómo estimulan las plantas el crecimiento filamentoso del hongo después de la fusión de las esporidias compatibles. La resistencia parece estar asociada a caracteres morfológicos, funcionales y fisiológicos de las plantas de maíz.

Durante años se ha sabido que *U. maydis* es capaz de producir auxinas (fitohormona) en cultivo *in vitro*. El ácido indol-3-acético (AIA) es la auxina que ha sido identificada en los medios usados de cultivos líquidos, así como en las agallas del carbón. El crecimiento hipertrófico (aumento del volumen sin multiplicación celular) que provoca este hongo en el maíz puede estar asociado con la producción de AIA, por lo que diversos estudios han intentado relacionar dicha producción con la formación de agallas.

Aún es necesario establecer concluyentemente la relación que existe entre la producción de fitohormonas *in vitro* y la formación de agallas/tumores en la planta por *U. maydis*; sin embargo, algunas investigaciones apoyan la hipótesis de que el AIA producido por el hongo está directamente relacionado con la formación de tumores en las plántulas de maíz, y parece no haber una contribución significativa por parte de la planta.

VIII.3 Propiedades alimentarias y nutracéuticas

Los hongos se consumen usualmente por sus propiedades saborizantes y son usados en muchas preparaciones culinarias. El huitlacoche, como alimento típico mexicano, debe su creciente popularidad a su característico sabor, que no se parece a ningún otro alimento conocido. En este sentido podemos hablar de sabor de huitlacoche, de igual manera que nos referimos a chocolate, fresa, vainilla, etc., como sabores clásicos. En el cuadro VIII.1 se presentan algunos compuestos que intervienen en el sabor de diferentes hongos y se puede observar que en el huitlacoche el sabor está determinado por una amplia gama de compuestos, tanto volátiles (derivados de ácidos grasos, cetonas, aldehídos, etc.) como no volátiles (aminoácidos libres, carbohidratos). Sin embargo, algunos compuestos solamente están presentes en el huitlacoche y no en ningún otro hongo.

Los hongos contienen poco sodio, grasa y colesterol, pero presentan buenas cantidades de proteínas con considerables niveles de lisina y metionina, por lo que los hongos son considerados de calidad intermedia entre proteínas vegetales y animales. También presentan buenas cantidades de minerales y vitaminas, y se los considera un buen suplemento alimentario, especialmente para las personas vegetarianas.

El huitlacoche contiene carbohidratos, proteínas, grasas, minerales y vitaminas que contribuyen a su valor nutricional (cuadro VIII.2). Al examinar la composición proximal del huitlacoche colectado en diferentes regiones de México se encontró que el contenido de proteínas varía entre 11.5 y 16.4 gramos/100 gramos de material seco analizado. Pero lo que es más interesante, desde el punto de vista nutricional, es que la proteína del huitlacoche contiene un balance de aminoácidos esenciales adecuado, según patrones internacionales establecidos.

Así pues, las proteínas del huitlacoche contienen cantidades apropiadas de todos los aminoácidos esenciales para la dieta de un adulto. Se considera, por lo tanto, que el huitlacoche contiene proteínas de muy buena calidad, con un extraordinariamente alto contenido de lisina (6.6 gramos/100 gramos de proteína), el cual es muy elevado en comparación con lo que se ha reportado para el maíz y otros vegetales.

Aquí vale la pena anotar que este aminoácido —la lisina—, componente esencial de las proteínas, es deficiente por excelencia en el maíz. Es decir, resulta un inteligente acierto nutricional la complementación histórica que han hecho las distintas culturas indígenas mesoamericanas al consumir huitlacoche con tortilla.

CUADRO VIII.1. *Compuestos que intervienen en el sabor de los hongos*

Compuestos no volátiles	Organismo	
	Nombre científico	*Nombre común*
AMINOÁCIDOS LIBRES (alanina, ácido glutámico)	*Agaricus bisporus*	Champiñón
	Lentinus edodes	Shiitake
	Pleurotus ostreatus	Seta, oyster mushroom, cazahuate
	Ustilago maydis	Huitlacoche, cuitlacoche
CARBOHIDRATOS (glucosa, manitol, sacarosa)	*Agaricus bisporus*	Champiñón
	Lentinus edodes	Shiitake
	Pleurotus ostreatus	Seta, oyster mushroom, cazahuate
	Ustilago maydis	Huitlacoche, cuitlacoche
Compuestos volátiles		
DERIVADOS DE ÁCIDOS GRASOS (1-octen-3-ol)	*Agaricus bisporus*	Champiñón
	Ustilago maydis	Huitlacoche, cuitlacoche
	Boletus edulis	Seta
	Cantharellus cibarius	Membrillo
CETONAS [1(2-hidroxi-5-metil-fenil)]	*Ustilago maydis*	Huitlacoche, cuitlacoche
ALDEHÍDOS (octanal, fenilacetaldehído, undecenal, dodecenal)	*Ustilago maydis*	Huitlacoche, cuitlacoche
ÉSTERES (ácido heptadecanoico, metil éster; ácido 9-hexadecanoico, metil éster; ácido linoleico, etil éster; ácido oleico, etil éster)	*Ustilago maydis*	Huitlacoche, cuitlacoche

CUADRO VIII.2. *Composición proximal del huitlacoche*

Componente	Peso seco (g/100 g)
Proteína (N × 6.25)	11.5 – 16.4
Grasa	1.6 – 2.3
Ceniza	5.2 – 7.0
Fibra	16.0 – 23.5
Carbohidratos	55.1 – 66.5

En el cuadro VIII.3 se presenta una comparación del contenido de proteínas del huitlacoche con otros hongos comerciales. El valor nutricional de los hongos comestibles es notable, ya que constituyen una excelente fuente de proteínas, principalmente si se compara con el 13.2% de proteína que contiene el trigo o el 25.2% que contiene la leche deshidratada. Se puede observar que el champiñón y el shiitake contienen mucho más proteína que el huitlacoche; sin embargo, éste contiene más proteínas que algunas especies de setas y de *Cantharellus*.

Debe puntualizarse que las cepas que se usan para el cultivo de los hongos comerciales, como los presentados en el cuadro VIII.3, han pasado por mejoramientos genéticos rigurosos, mientras que el *U. maydis* analizado es silvestre y la calidad nutricional de sus proteínas es igual o superior a ellos. En otras palabras, mediante estudios de selección la calidad nutricional del huitlacoche puede incrementarse sensiblemente. Por otro lado, el contenido de proteínas puede variar de acuerdo con el genotipo del hongo, el estado de desarrollo en el que fue cosechado y el sustrato que se utilizó para producirlo.

El contenido de carbohidratos (55.1-66.5%) y fibra (16.0-23.5%) es muy alto, pero contiene poca grasa (1.6-2.3%); no obstante, contiene gran cantidad de ácido linoleico, el cual es esencial para el consumo humano. Por otro lado, se ha reportado que este hongo contiene vitaminas del complejo B —como riboflavina, biotina, niacina y ácido fólico—, con excepción de la vitamina B_{12}. También se han identificado compuestos fenólicos en altas concentraciones, los cuales

CUADRO VIII.3. *Contenido proteínico de diferentes hongos comestibles*

Componente	Nombre común	(g/100g)
Agaricus bisporus	Champiñón	26.9
Pleurotus ostreatus	Setas	15.0
Lentinus edodes	Shiitake	25.0
Cantharellus cibariius	Cantarelus	13.4
Ustilago maydis	Huitlacoche	16.4

poseen propiedades antioxidantes que son muy útiles para prevenir enfermedades como el cáncer y la arteriosclerosis, y por lo tanto se pueden incluir en lo que se conoce actualmente como alimentos nutracéuticos. En el cuadro VIII.4 se resumen algunas de las actividades biológicas y características nutracéuticas de diversos hongos comestibles, incluyendo al huitlacoche.

VIII.4 TECNOLOGÍAS PARA LA PRODUCCIÓN MASIVA

VIII.4.1 Producción tradicional

Los agricultores y campesinos han tratado de producir huitlacoche desde siempre y para eso se han utilizado muchas estrategias. En un inicio se trató de reproducir este hongo mezclando semillas de maíz con las teliosporas; sin embargo, este procedimiento no dio ningún resultado. Posteriormente, los agricultores intentaron obtener grandes cantidades de huitlacoche dejando esporas del hongo en el suelo antes de sembrar el campo con maíz; pero tampoco se obtuvieron resultados satisfactorios. También se ha tratado de reproducir esparciendo las esporas en las plantas de maíz cuando los jilotes están pequeños y con este procedimiento sí se ha obtenido infección; sin embargo, es muy poca como para utilizar esta estrategia en gran escala.

CUADRO VIII.4. *Actividad biológica y nutracéutica
de hongos comestibles*

Compuesto	Nombre científico	Nombre común*	Actividad biológica y nutracéutica
LECTINA	Pleurotus cornucopiae	Seta	Hemaglutinante
	Laetiporus sulfureus	Chicken of the woods	Antisarcoma
	Agaricus bisporus	Champiñón	Anticancerígeno. Antitumoral
	Hericium erinaceum	—	Anticarcinogénico
	Chlorophyllum molybdites**	—	Antitumoral. Anticarcinogénico
	Lentinus edodes	Shiitake	Antitumoral
(β-GLUCANOS)	Agaricus blazei	Hime-matsutake, champiñón, sun mushroom	Antiestrés. Antimutagénico
	Volvariella volvacea	Hongo chino, hongo paja	Antitumoral
POLISACÁRIDOS	Phellinus linteus**	—	Hipoglucémico
	Ganoderma lucidum**	Reishi, ling-chih	Anticarcinogénico
	Pleurotus ostreatus	Seta, oyster mushroom, cazahuate	Antibiótico. Antitumoral. Antioxidante
	Pleurotas eryngii	Seta de cardo	Anticolesterolémico
	Grifola frondosa	Maitake	Antitumoral. Inmunopotenciadores
	Lentinus edodes	Shiitake	
	Schizophyllum commune	Split Gill	
	Sclerotina sclerotiorum	—	
	Agaricus campestres	Champiñón de campo	Hipoglucémico
POLISACARO-PÉPTIDOS	Coriolus versicolor	Yun chih, Turkey tail	Inmunopotenciadores
EXTRACTOS METANÓLICOS	Coriolus versicolor	Yun chih, Turkey tail	Antioxidantes
	Ganoderma lucidum**	Reishi, ling-chih	
	Ganoderma tsugae**	Shung-shan	

Cuadro VIII.4 (concluye).

Compuesto	Nombre científico	Nombre común*	Actividad biológica y nutracéutica
EXTRACTOS ACUOSOS	Lentinus edodes	Shiitake	Inmunomoduladores. Antitumorales. Reducen los niveles de grasas
	Flammulina velutipes	Enokitake	
	Pleurotus ostreatus	Seta, oyster mushroom, cazahuate	
	Grifola frondosa	Maitake	
ÁCIDO LINOLEICO	Agaricus blazei	—	Anticolesterolémico
ÁCIDO LINOLEICO, ÁCIDO LINOLÉNICO	Ustilago maydis	Huitlacoche, cuitlacoche	Mantenimiento y función de la membrana celular. Síntesis hormonal. Reducen riesgo de enfermedades cardiovasculares
	Boletus frostii	Cemita	
	Lactarius indigo	Zuín, zume	
VITAMINAS, MINERALES, FIBRA	Lentinus edodes	Shiitake	Inmunomoduladores. Inmunopotenciadores
AMINOÁCIDOS LIBRES	Amanita rubescens	Mantecoso, venado, juandiego	Reafirmante de piel y uñas. Aumenta calidad muscular
	Lactarius indigo	Zuín, zume	
	Ramaria flava	Coral	
	Ustilago maydis	Huitlacoche, cuitlacoche	

* En algunos casos el nombre común dominante proviene de un idioma diferente al español.
**Hongos no comestibles, pero usados ampliamente en la medicina oriental y cuyo efecto benéfico a la salud ha sido comprobado.

VIII.4.2 Tecnologías mediante inoculación

Debido al aumento en la demanda de huitlacoche como alimento en México y en otros países, se han utilizado varias técnicas de inoculación de esporas en las plantas de maíz para inducir los síntomas de la enfermedad y buscar variedades de maíz resistentes a este patógeno. No obstante, en la actualidad se están utilizando las mismas

145

técnicas para producir huitlacoche (véase la figura VIII.3). Se ha reportado que la inyección de esporidias en la planta de maíz produce un alto índice de infección, por lo que esta estrategia se ha utilizado para obtener huitlacoche con buenos resultados. Sin embargo, es necesario evaluar los sistemas productivos, así como la biología y diversidad genética de este organismo.

La técnica de inoculación por inyección puede ser útil para la producción comercial de huitlacoche, pero es necesario evaluar el estado de desarrollo, localización y genotipo de la planta que será inoculada, lo mismo que la agresividad de las líneas esporidiales del hongo que se utilicen en la inoculación para obtener óptima producción y calidad.

Figura VIII.3. *Producción de huitlacoche por inoculación*

VIII.4.3 Procesamiento

La compañía mexicana Herdez® patentó el proceso de enlatado del huitlacoche, al cual le dieron el nombre de cuitlacoche. Cerca de 100 toneladas de huitlacoche son procesadas al año por Herdez®; sin embargo, la demanda de este exquisito hongo es mucho mayor de la que puede suplir esta compañía con la producción natural.

Actualmente existen otras presentaciones de huitlacoche en el mercado; aparte de enlatado en salmuera, se encuentra preparado con chile y cebolla por la compañía Monteblanco® o por la San Miguel®, y también como crema de huitlacoche elaborada por la compañía Cremissima® de Querétaro. Deshidratado por liofilización es otra presentación que aparece ocasionalmente en el mercado.

VIII.5 Consideraciones finales

El cultivo y consumo de este hongo por siglos ha dado lugar a que en México se encuentre la mayor diversidad del mismo; así lo sugieren los estudios de muestreo y moleculares llevados a cabo por nuestro grupo. El huitlacoche pertenece a otra de las exquisiteces culinarias que la cocina mexicana ha aportado al mundo. Su presencia en la alta cocina de algunos países señala que su consumo tenderá a ampliarse en el futuro cercano, como lo muestran también algunos otros indicadores.

Como ya se ha mencionado, el sobresaliente contenido del aminoácido esencial denominado lisina, entre otras características, lo convierten en un complemento ideal de la tortilla y ponen en evidencia las dietas tan inteligentes de nuestras culturas indígenas. También hemos visto en este capítulo que el huitlacoche tiene además otros componentes nutricionales y nutracéuticos sobresalientes.

Las técnicas de producción actuales de huitlacoche llegan a infectar cuatro de 100 plantas, lo que ha mantenido la oferta por debajo de las demandas del mercado. En nuestro grupo hemos desarrollado tecnologías para la producción masiva del mismo, y su empleo puede satisfacer los crecientes requerimientos comerciales y de calidad, tanto para el mercado doméstico como el internacional.

VIII.6 Bibliografía

Banuett, F. (1992), "*Ustilago maydis,* the delightful blight", *Trends in Genetics* **8** : 174-180.

Banuett, F., e I. Herskowitz (1996), "Discrete developmental stages during teliospore formation in the corn smut fungus, *Ustilago maydis*", *Development* **122** : 2 965-2 976.

Guevara-Lara, F., M. E. Valverde y O. Paredes-López (2000), "Is pathogenicity of *Ustilago maydis* (huitlacoche) strains on maize related to in vitro production of indole-3-acetic acid?", *World Journal of Microbiology and Biotechnology* **16** : 481-490.

Martínez, V. M., J. Osuna, O. Paredes-López y F. Guevara-Lara (1997), "Production of indole-3-acetic acid by several wild-type strains of *Ustilago maydis*", *World Journal of Microbiology and Biotechnology* **13** : 295-298.

Pataky, J. K. (1991), "Production of cuitlacoche, *Ustilago maydis,* on corn smut", *HortScience* **26** : 1374-1377.

Valverde, M. E., O. Paredes-López, J. K. Pataky y F. Guevara-Lara (1995), "Huitlacoche *(Ustilago maydis)* as a food source-biology, composition and production", *CRC Critical Reviews in Food Science and Nutrition* **35** : 191-229.

Vanegas, P. E., M. E. Valverde, O. Paredes-López y J. K. Pataky (1995), "Production of the edible fungus huitlacoche *(Ustilago maydis).* Effect of maize genotype on chemical composition", *Journal of Fermentation and Bioengineering* **80** : 11-14.

IX. Insectos comestibles

Los insectos son uno de los grupos pertenecientes al reino animal que se encuentran más ampliamente distribuidos en el mundo. Muchos de los géneros los podemos encontrar en México así como en otras latitudes, como China o Australia. La biodiversidad de los insectos es enorme, ya que de cada diez animales que existen en el planeta ocho son insectos. Los insectos llevan más de 350 millones de años en la Tierra, se han adaptado a las diferentes eras geológicas y tienen un potencial reproductivo enorme. Debido a esa amplia distribución geográfica y al alto potencial para su propagación, podría ser importante aprovechar este recurso renovable y abundante en cualquier época del año.

El consumo de insectos —conocido como entomofagia— se practica en México desde la época prehispánica, lo cual está documentado en el *Códice florentino,* escrito por fray Bernardino de Sahagún y sus Informantes, donde se describen 96 especies de insectos comestibles, muchos de los cuales se siguen consumiendo en la actualidad. A lo largo del territorio mexicano se han contabilizado 506 especies de insectos comestibles, pero es importante señalar que dicho censo se ha realizado en el centro, sur y sureste, donde se lleva a cabo el mayor consumo de insectos, por lo que este número podría incrementarse sustancialmente si el estudio se extendiera a los estados del norte, oriente y occidente.

Los insectos han desempeñado un papel importante en el desarrollo de las culturas del mundo ya que han formado y forman parte de los patrones alimenticios tradicionales de numerosos pueblos del planeta: las abejas en Sri Lanka, hormigas mieleras en los Estados Unidos de América, grillos e insectos acuáticos en Tailandia, orugas de mariposas en Rhodesia, termitas en diferentes países de África, langostas en el mundo árabe y gusano del maguey en México, entre otros muchos ejemplos. A nivel mundial, desde hace algunas décadas se registraron más de 600 especies de insectos comestibles, un número que podría parecer muy grande; sin embargo, para los especialistas en insectos resulta un número muy pequeño, debido a que se conoce la existencia de al menos un millón de especies de estos artrópodos.

El consumo de insectos comestibles en algunos países está ligado principalmente a la abundancia del recurso, así como a aspectos sociales, económicos y culturales. Actualmente, no es muy común consumir insectos como alimento para satisfacer necesidades nutricionales, debido a que en la mayoría de los países del mundo los diversos nutrientes se pueden obtener de fuentes animales y vegetales. Sin embargo, es importante considerar esta alternativa para un futuro, cuando algunas de las mencionadas fuentes empiecen a agotarse o extinguirse, lo cual podría ayudar a combatir los posibles problemas de hambre y desnutrición.

México es uno de los países que cuenta con una amplia biodiversidad, incluyendo la de los insectos, debido a lo cual se consumen y se continúan estudiando; sin embargo, los diferentes reportes difieren en el número de especies que se consumen, ya que algunos investigadores mencionan cifras que van de 186, pasando por 247 y 398, para llegar hasta 506. En el mundo se han reportado últimamente alrededor de 1681 especies de insectos para consumo humano, por lo que, si se considera el mayor número contabilizado de insectos comestibles de México, se tiene una tercera parte de los insectos a nivel mundial que pueden comerse. Esto reafirma la gran biodiversidad de México y la amplitud de este recurso que puede utilizarse con propósitos alimentarios, lo cual lógicamente está estrechamente ligado con las condiciones climáticas y la diversidad de ambientes con que cuenta el país, una riqueza natural invaluable.

Se podría pensar, debido a esta gran riqueza natural y a la tradición del consumo de insectos por nuestros padres y abuelos, sobre todo en las zonas rurales, que su consumo sería más amplio, pero desafortunadamente no es así, sobre todo porque el ritmo acelerado de vida ha hecho que muchas de estas tradiciones se vayan perdiendo gradualmente y a que la mancha urbana ha venido a desplazar los hábitats naturales de muchos insectos. Existen otros países en donde se consumen más insectos que en México; por ejemplo, en algunas escuelas de Estados Unidos el menú de la semana incluye cuando menos un día el consumo de insectos; además, en el ejército de ese país sus manuales de sobrevivencia en zonas devastadas o en conflictos bélicos incluye el consumo de insectos.

Otra de las causas que ha provocado que el consumo de insectos en México no sea muy extenso es la recolección y comercialización no controlada, lo cual ha ocasionado la extinción de algunas especies. En algunos países de África existe una reglamentación para la recolección, cultivo y comercialización de orugas.

En México, los estados del sur son los que cuentan con mayor tradición en el consumo de insectos, siendo Oaxaca el estado donde se consume el mayor número y cantidad de ellos, pero también Guerrero, Morelos, Hidalgo, Chiapas, Veracruz y Estado de México son estados con una tradición en el consumo de insectos. No obstante, estados como Campeche, Tabasco, Puebla, Querétaro, Guanajuato, Jalisco y Michoacán también reportan consumos variados de éstos.

IX.2 Tipos de insectos

El cuadro IX.1 da una idea de la diversidad de insectos en México para consumo humano, mencionando los nombres comunes de los más populares, y especificando los estados de la República donde se recolectan y/o consumen. De estos grupos de insectos se destacan por su mayor distribución las chinches, escarabajos, hormigas, abejas, avispas, chapulines, jumiles y escamoles.

En el cuadro IX.2 (p. 153) se pueden observar algunos de los órdenes más consumidos con algunos nombres comunes, cuántas especies dentro de ellos son comestibles, cuál es el estado de desarrollo anatómico del insecto preferido para su consumo, y los estados de la república donde tradicionalmente se consumen. El mayor número de especies comestibles están dentro del orden Hymenoptera (97), donde se encuentran insectos como hormigas, avispas y abejas, entre otros, los cuales son usados como alimento en varios estados del país.

CUADRO IX.1. *Algunos insectos comestibles de México*

Insectos	Lugar de consumo
Piojos	Oaxaca
Chinches	Morelos, Estado de México, Hidalgo, Veracruz, Guerrero, Puebla, San Luis Potosí, Jalisco, Oaxaca, Querétaro
Pulgones	Puebla, Morelos, Guerrero, Hidalgo
Escarabajos	Hidalgo, Tabasco, Guerrero, Veracruz, Estado de México, Oaxaca, Puebla, Chiapas, Nayarit, Distrito Federal
Mariposas	Oaxaca, Puebla, Hidalgo y Distrito Federal
Moscas	Estado de México y Nayarit
Hormigas, abejas y avispas	Oaxaca, Puebla, Estado de México, Distrito Federal, Chiapas, Hidalgo, Guerrero, Michoacán, Veracruz, Yucatán y otros
Termitas	Michoacán
Libélulas	Sonora y Estado de México
Chapulines	Oaxaca, Veracruz, Tabasco, Campeche, Yucatán, Morelos, Puebla, Guerrero, Michoacán, Distrito Federal
Jumiles	Guerrero, Oaxaca, Morelos, Tlaxcala, Hidalgo, Estado de México
Escamoles	Hidalgo, Estado de México, Distrito Federal, Tlaxcala, Nuevo León, Michoacán
Gusanos del maguey	Puebla, Oaxaca, Hidalgo, Tlaxcala, Michoacán
Gusanos del nopal	Puebla, Tlaxcala, Oaxaca, Distrito Federal, Estado de México, Guanajuato
Gusanos del maíz	Puebla, Hidalgo, Oaxaca

Cuadro IX.2. *Diferentes órdenes taxonómicos de insectos comestibles de México*

Orden	Núm. de especies	Consumo	Lugar de consumo
Odonata (libélulas)	6	Ninfas	Sonora y Estado de México
Orthoptera (chapulines)	66	Ninfas, adultos	Oaxaca, Veracruz, Tabasco, Campeche, Yucatán, Morelos, Puebla, Guerrero, Distrito Federal, Michoacán
Anoplura (piojos)	1	Adultos	Oaxaca
Hemiptera (chinches)	67	Ninfas	Morelos, Estado de México, Hidalgo, Veracruz, Guerrero, Puebla, San Luis Potosí, Jalisco, Oaxaca, Querétaro
Homoptera (pulgones)	6	Ninfas, adultos	Puebla, Morelos, Guerrero, Hidalgo
Coleoptera (escarabajos)	88	Larvas	Hidalgo, Tabasco, Guerrero, Veracruz, Estado de México, Oaxaca, Puebla, Distrito Federal, Nayarit, Chiapas, Michoacán
Trichoptera (friganias)	4	Larvas	Veracruz
Lepidoptera (mariposas)	36	Larvas	Distrito Federal, Oaxaca, Puebla, Hidalgo
Diptera (moscas)	13	Larvas	Estado de Mexico, Nayarit
Hymenoptera (hormigas, abejas, avispas)	97	Huevos, larvas, pupas, adultos	Oaxaca, Puebla, Estado de México, Distrito Federal, Chiapas, Hidalgo, Guerrero, Michoacán, Veracruz, Yucatán, y otros estados
Ephemeroptera (moscas de Mayo)	2	Larvas	Veracruz, Estado de México
Isoptera (termitas)	1	Adultos	Michoacán
Neuroptera (gusano grande de agua)	1	Larvas	Chiapas

También dentro de los órdenes más consumidos destacan el Coleoptera (88 especies), donde se pueden encontrar escarabajos como el botija o max del henequén; Hemiptera (67 especies), donde están todas las chinches, cuyo ejemplo clásico en México serían los jumiles y las chinches de agua de la familia Corixidae; y Orthoptera (66 especies), donde se agrupan especies como los chapulines, langostas, grillos y saltamontes.

La mayoría de la gente prefiere el estado larvario de los insectos para su consumo, debido tal vez a que aún no se observan completamente sus características morfológicas como comúnmente se conocen y resultan más atractivos para el consumidor. No obstante, en el caso de los chapulines se prefiere el estado adulto, ya que en éstos la parte comestible es el cuerpo que cuenta con mayor masa corporal y a su vez desarrolla el sabor característico o apreciado en este tipo de insectos.

Los piojos, dentro del orden Anoplura, son muy conocidos, sobre todo el piojo común, *Pediculus humanos* L., el cual en algunos casos es consumido por gusto, pero en otros como una medida preventiva para evitar reinfestaciones.

De los insectos mexicanos de amplio consumo están las chinches de agua de las familias Corixidae y Noctonectidae, las cuales continúan siendo cultivadas en lagos como el de Texcoco. Los pobladores colocan manojos de plantas o zacate en el agua, y en los tallos los insectos ponen sus huevecillos. Aproximadamente después de un mes los manojos son puestos a secar al Sol, primero de un lado y después del otro, no sobrepasando las dos horas, ya que si se deja secar por mucho tiempo, el huevo suele romperse y se pierde su contenido; posteriormente se sacude sobre una manta para colectarlos. Cuando estos huevos eran consumidos en fresco, los conquistadores españoles le llamaron el "caviar mexicano".

Los jumiles son chinches de la familia Pentatomidae, que se consumen en varios estados del país, principalmente en la ciudad de Taxco, en donde existe un templo dedicado a este insecto. La Fiesta del Jumil se realiza el siguiente lunes después del Día de Muertos, que es cuando más abundan estos insectos; la gente que acude a esta

FIGURA IX.1. *Jumiles*

fiesta, muchas veces provenientes de otras ciudades del mismo estado o de estados aledaños, como los estados de Morelos y México, así como del Distrito Federal, suben al cerro del Huixteco para celebrar el Día del "Jumil Sagrado".

En el cerro la gente recolecta los jumiles, les hacen un rito y se los comen. La creencia popular dice que los jumiles son los guardias de la población y que son los únicos que se pueden comunicar con dios, pues ellos son la reencarnación de sus antepasados. Entre los pobladores de las comunidades cercanas a Taxco es común escuchar la pregunta: "¿Trae familia?" Eso para referirse si trae jumiles. El olor característico de los jumiles es como el de una chinche, que cuando se asan sueltan un aceite muy característico, llamado el aceite de jumiles. Cuando uno visita los mercados de esas comunidades es común encontrarlos preparados con sal y limón (figura IX.1).

Dentro de la familia de los escarabajos se encuentran todas las especies del orden Coleoptera. Hay cuatro familias cuyas larvas son ampliamente consumidas: Cerambycidae, Scarabaeidae, Melolonthidae y Passalidae. Los nombres más comunes que reciben son gusanos de los palos, escarabajo rinoceronte y gallina ciega. La gallina ciega *(Phyllophaga* sp.) es una plaga del suelo que es muy común en muchos cultivos entre los cuales se puede mencionar el maíz.

Tal vez el más conocido de los gusanos es el que se desarrolla en la planta de maguey. Del gusano del maguey se pueden encontrar especies de color blanco o rosado; se preparan friéndolas con aceite o manteca o en algunos casos los gusanos se secan y se muelen en un molcajete mezclado con jitomate y chile.

Según muchas personas, el sabor que desarrollan los gusanos cuando son asados es similar al de chicharrón de puerco. Actualmente, su mercado se ha ampliado, por lo que ya existen pequeñas empresas que se dedican a envasarlo y lo exportan a países de Europa, así como a Estados Unidos de América. Su popularidad en países extranjeros se debe a que el gusano del maguey se encuentra dentro de las botellas de mezcal. La oruga añadida a la botella de mezcal con el tiempo le da a este licor un ligero aroma y sabor muy característicos.

Entre la familia de las hormigas (Formicidae) son muy conocidos los escamoles, hormigas de guije, tecates o maicitos, que pertenecen al género *Liometopum.* Muy consumidas en México, estas hormigas se exportan a Estados Unidos para las mesas de los gourmets. Su sabor recuerda al de la nuez frita en mantequilla. Los escamoles son realmente los estados larvarios de la casta reproductora, ricos en el aminoácido esencial triptófano (figura IX.2).

Las hormigas cortadoras de hojas *(Atta mexicana)* son base de exquisiteces culinarias. Se consumen fritas, espolvoreadas con sal, pero también para conservarlas se muelen para hacer una pasta y se almacenan bajo refrigeración, para posteriormente consumirlas haciendo tacos. Comensales de estas hormigas señalan que su sabor se asemeja al del caldo de jaibas.

De las hormigas llamadas arrieras, se consumen los adultos de la casta reproductora, que son recogidos cuando salen del hormiguero para efectuar el vuelo nupcial. Las personas dedicadas a la colecta de estas hormigas han desarrollado toda una técnica para atraparlas. Los

FIGURA IX.2. *Escamoles*

hormigueros ya tienen sus propietarios y son cuidados y vigilados, para evitar ser destruidos por otros animales depredadores o por el hombre.

Las hormigas mieleras, mochileras, botijas, odres, vinitos y otros calificativos hacen referencia a dos especies del género *Myrmecocystus,* las cuales producen una miel con características de sabor muy especial, diferente a la producida por las abejas. Actualmente se elabora una bebida alcohólica a partir de la fermentación de esta miel.

En el estado de Guerrero es común, cuando inician las lluvias, encontrar que al día siguiente se encuentran en las calles y patios de casas una enorme cantidad de hormigas llamadas "chicatanas", las cuales son de tamaño grande, presentan un cuerpo bastante voluminoso y son de color negro. Muchos pobladores las recolectan en recipientes, eliminan la cabeza y alas, dejando únicamente el cuerpo, el cual asan en un comal y hacen moler en un molcajete con chile y jitomate previamente cocinados. Abejas, abejorros y avispas son explotados para

157

la producción de miel y cera, pero además de estos dos productos se pueden ingerir las larvas.

En comunidades de Tepic, estado de Nayarit, e Ixmiquilpan, en el estado de Hidalgo, se tiene la costumbre de consumir larvas de mosca, las cuales popularmente se conocen como "gusanos del queso". Lo que se ha hecho por generaciones es envolver pedazos de queso en hojas de plátano, se almacenan en las cocinas a la temperatura del ambiente por 4 a 5 días, tiempo durante el cual se empiezan a desarrollar larvas de mosca, lo cual indica que el queso está listo para comerse. Este tipo de prácticas también se ha llevado a cabo por muchos años en países europeos, como Francia e Italia, lo cual para muchos podría ser desagradable a la vista, olfato y gusto.

Se ha dicho que los insectos se ingieren como recurso extremo para paliar el hambre. Las detalladas descripciones, casi entomológicas, en el *Códice florentino,* hechas por fray Bernardino de Sahagún y sus Informantes, pueden ilustrar sobre la sorpresa y admiración de los conquistadores por la ingestión de insectos. Gracias a estos escritos sabemos qué elementos conformaban los patrones alimenticios de las poblaciones indígenas, patrones heredados que han conducido a un consumo selectivo por parte de dichas etnias, que conocen el momento apropiado para su recolección y seleccionan a los insectos por sus bondades sensoriales.

IX.3 Composición y propiedades nutricionales

Después de haber mencionado los tipos de insectos consumidos y la exquisitez que representan muchos de ellos, para muchas personas podría seguir resultando poco atractivo su consumo. Sin embargo, ahora que abordamos su composición y sus características nutricionales, podría cambiar un poco la idea de rechazo al consumo de insectos.

Por un lado, no hay que perder de vista que muchos de estos insectos se alimentan de partes de plantas como hojas, frutos, néctar de las flores, savia, etc., por lo que desde ese punto de vista se trata de un producto higiénico. Además de ésta hay otras razones importantes para su consumo: una de ellas es su alto contenido de proteínas, que son necesarias para el desarrollo del ser humano, y que en países en vías de desarrollo obtenerlas de fuentes como la carne, leche y huevos resulta muy difícil para buena parte de la población. En México, diversos investigadores han realizado estudios con la finalidad de determinar la composición nutricional de diversos insectos y poder diversificar la dieta del mexicano a través de su consumo como fuente natural de proteínas.

Por citar un ejemplo, mientras que 100 gramos de carne de res contienen de 54 a 57% de proteínas, 100 gramos de chapulines contienen de 62 a 75%; todos estos datos están en base seca. Lógicamente el contenido de proteína varía dependiendo del tipo de insecto, pero en muchas ocasiones el consumo del insecto puede representar una fuente importante de otros compuestos como carbohidratos, grasa, vitaminas y minerales.

Por ejemplo, la hormiga mielera tiene un 9.5% de proteína, pero este insecto se prefiere por su sabor dulce y el contenido de carbohidratos que aporta, que es de un 78%. La avispa *Polistes major* contiene un 72% de proteína, los gusanos o larvas de mariposas o escarabajos se sitúan entre 20 y 40%, y las avispas tienen alrededor de un 77%. En el caso de las chinches de la familia Corixidae, el *axayácatl* (que habita en el lago de Texcoco) tiene un contenido de proteína del 63% y una digestibilidad del 98%. El cuadro IX.3 muestra una comparación del valor nutritivo de las hormigas con otras fuentes de proteína convencionales; esta información está en base húmeda.

Estudios de la calidad de la proteína de los insectos demostraron que ésta contiene aminoácidos esenciales, llamados así porque el ser humano no puede producirlos dentro de su organismo, razón por la cual es necesario obtenerlos de los alimentos que consumimos. Las cantidades de estos aminoácidos encontrados en los insectos mexicanos fueron mayores a las que recomienda la Organización de las Naciones Unidas para la Agricultura y la Alimentación (FAO).

Dentro de este estudio, realizado en el Instituto Nacional de Ciencias Médicas y Nutrición "Salvador Zubirán", se les dio una

CUADRO IX.3. *Valor nutritivo de las hormigas*
en relación con otros productos alimenticios convencionales
(gramos por 100 gramos en base húmeda)

Nutriente	Carne de res	Pescado	Huevo	Pollo	Hormigas
Proteína	21.5	15.9	6.4	20.2	20.4
Tiamina	0.8	0.2	0.5	6.8	4.1
Riboflavina	0.2	0.1	0.1	0.2	0.7
Niacina	5.1	2.0	—	5.0	4.6

calificación a las proteínas con base en su facilidad de asimilación y calidad. Los porcentajes se situaron en un 10% para los jumiles y un 81% para la "botija" del maguey, siendo en general de 70% para las especies de avispas, 80% para los escamoles y de 56 a 65% para los diferentes chapulines.

Los insectos contienen sales minerales que ayudan a regular la presión sanguínea; algunos son ricos en calcio y magnesio, estos dos últimos elementos muy importantes para muchas de las funciones de nuestros órganos. Por su parte, las hormigas "chicatanas" presentan una buena cantidad de yodo, lo cual se puede detectar ya que cuando se están moliendo desprenden el olor clásico de este compuesto. Se ha encontrado que contienen cantidades importantes de vitaminas del complejo B. Algunos insectos en estado de larvas proporcionan calorías que pueden considerarse "buenas", puesto que provienen de ácidos grasos poliinsaturados, los cuales se encuentran principalmente en aceites vegetales y que al consumirse no producen colesterol, el cual representa un grave problema para la salud, por causar problemas de obesidad y cardiovasculares.

Por otro lado, una de las desventajas de los insectos es su bajo contenido de fibra dietaria, que como ya se vio en capítulos anteriores es importante para un buen funcionamiento del sistema digestivo. Sin embargo, el contenido vitamínico de los insectos no es despreciable, la digestibilidad de la proteína es alta y son fáciles de conservar secándolos en el comal o al Sol. También tienen la ventaja de su alto potencial reproductivo, que por lo general les permite formar enormes poblaciones en corto tiempo y de que existen insectos tanto en el medio acuático como en el terrestre.

No nada más desde el punto de vista nutricional están cobrando importancia los insectos comestibles, ya que las culturas náhuatl, zapoteca, mixteca, maya y tarasca utilizaron a los insectos para curar enfermedades digestivas, respiratorias, óseas, nerviosas y circulatorias, así como también se utilizaban como antibiótico y bactericida. Por ejemplo, el grillo prieto de Veracruz se utiliza para combatir la deficiencia de vitaminas, las hormigas mieleras para la fiebre, los jumiles como anestésicos y analgésicos. En el caso de las abejas, su veneno se usa para combatir la artritis y el reumatismo.

IX.4 Estrategias para ampliar su consumo

Actualmente en los lugares de expendio de comida en las zonas urbanas es muy difícil encontrar platillos que se elaboren a base de insectos. Sin embargo, en las grandes ciudades, los insectos se han convertido en un platillo de lujo que se encuentra en restaurantes que los ofrecen como un atractivo turístico.

En los mercados de pueblos se puede observar la venta de jumiles, escamoles y chapulines secos, que son vendidos al menudeo por medidas muy pequeñas llamadas "sardina", en alusión al recipiente metálico en que se envasan y venden las sardinas en México.

Existen grupos de investigación en México que están desarrollando estudios para cultivar insectos comestibles y que éstos se puedan comercializar en forma más controlada e higiénica. Sin embargo, estos esfuerzos no han hecho eco en autoridades gubernamentales, que podrían apoyar esta iniciativa y generar empleos, pues, como se mencionaba, estos productos pueden generar buena cantidad de divisas al exportarse. Se ha desarrollado una técnica para el cultivo *in vitro* del gusano del maguey sin que se afecten las características sensoriales y nutritivas, ya que cuando este gusano se crece sobre un medio artificial en una incubadora se modifican esas características.

Retomando el aspecto nutracéutico de los insectos —esto es, que además de nutrir, como se vio por sus altos contenidos de proteína y otros elementos, se adicionan los aspectos benéficos a la salud—, si se estudiara más a fondo el papel de los insectos comestibles en la prevención de las enfermedades, su consumo se podría incrementar y sobre todo degustar un platillo de notable exquisitez con beneficios adicionales a la salud. Este aspecto hasta el momento ha sido poco explorado en México, a pesar de que un buen número de los insectos comestibles del mundo se encuentran en este país. Adicionalmente, el cultivo controlado de éstos podría beneficiar la biodiversidad, ya que por lo general actualmente se hace una recolecta indiscriminada y no controlada, lo que podría traer problemas de extinción de algunas especies.

IX.5 Bibliografía

Ramos-Elorduy, J., y J. M. Pino-Moreno (1989), *Los insectos comestibles en el México antiguo: Estudio etnoentomológico,* AGT Editor, México.

X. Pulque y tequila

X.1 Pulque

X.1.1 Materia prima

El pulque fue en Mesoamérica lo que el vino fue para los pueblos mediterráneos. El pulque fue una bebida ritual para los mexicas y otros pueblos de la región. Existen algunos jeroglíficos mayas y un mural en la pirámide de Cholula que destacan el consumo de esta bebida, que ya existía mucho antes de la llegada de los españoles a

México. Era la bebida que se daba en las bodas; la que se les daba a beber a los guerreros vencidos que iban a ser inmolados; la que se usaba en importantes ceremonias religiosas, entre otros usos. Estuvo tan arraigada en la cultura autóctona, que no bastaron 300 años de esfuerzos de las autoridades coloniales para eliminar su consumo, ni bastaron tampoco muchos años de esfuerzos de la sociedad independiente por desprestigiarla y tratar de sustituirla por otras bebidas obtenidas por fermentación, como la cerveza y el vino, muy altamente prestigiadas por ser originarias de los pueblos europeos, cuya cultura se ha impuesto, y que cuentan con los medios masivos de comunicación para exaltar sus virtudes y el buen gusto que implica el consumirlas y ofrecerlas.

A pesar, pues, del constante bombardeo propagandístico de los medios de comunicación, no se ha logrado eliminar la práctica ancestral de consumir pulque en diversas comunidades rurales y urbanas. Sin embargo, debe reconocerse que ha ocurrido en el México actual un decremento significativo en su consumo. En el siglo XIX, el pulque era la bebida predilecta de muchos mexicanos —ricos y pobres, jóvenes y adultos— y podía encontrarse en las mesas de la mayoría de los hogares del país.

Para el inicio del siglo XX, era común toparse con alguna pulquería en las ciudades y pueblos de México. Sus fachadas estaban pintadas con murales y, en el interior, casi todas tenían el piso cubierto de aserrín, o de tierra apisonada, porque uno de los rituales de los bebedores de pulque consistía en derramar un poco de éste en el piso para que la Madre Tierra también saciara su sed.

Para beber el pulque se usaban contenedores de vidrio de diferentes tamaños, según la cantidad que se quería tomar, estaban las "macetas" (2 litros), los "cañones" (1 litro), los "chivitos" ($1/2$ litro), las "catrinas" (de forma de taza), los "tornillos" (como "caballitos" de tequila) y los jarros de barro. Además de las pulquerías, el pulque también se podía disfrutar en los restaurantes familiares, especialmente los domingos.

El pulque es producido a partir del agave. Los agaves están estrechamente relacionados con México y su historia. Mucho antes de la llegada de los españoles, gracias a una simbiosis con el agave, pudieron subsistir las culturas del altiplano mexicano en periodos de escasez de agua y alimentos. De los agaves se obtenían además múltiples productos, entre ellos fibras, papel y medicinas, sin faltar en rituales y sacrificios, y como bebidas fermentadas destinadas sólo a nobles y sacerdotes. Alrededor de los años 700-900 de nuestra era, el agave ya era usado para obtener fibras y como alimento masticado. El agave pulquero se descubrió entre 990 y 1042 d.C., acontecimiento histórico vital para los nahuas.

Los primeros cultivos de agave para obtener aguamiel se desarrollaron alrededor del 1224 d.C., líquido que luego fue fermentado para preparar pulque alrededor del 1239 d.C. La utilización intensiva de los agaves alcanzó su mayor fuerza durante el florecimiento de los aztecas, cultura conocida por algunos investigadores como la cultura del maguey.

La importancia de estas plantas los llevó a deificarlas bajo la representación de la diosa Mayahuel en los códices mexicanos. Los agaves se propagaron por el territorio mexicano y con su domesticación se mejoraron las especies para aguamiel y pulque, las de fibras y las de agave cocido.

México es el centro de origen de la familia Agavaceae, a la cual pertenecen ocho géneros, entre ellos el género *Agave.* De las 273 especies descritas de esta familia —que se distribuye en el Continente Americano desde Dakota del Norte, en los Estados Unidos, hasta Bolivia y Paraguay—, en México se encuentra la mayor diversidad, con 205 especies, de las cuales 151 son endémicas. Los estados más ricos en número de especies son Oaxaca, Chihuahua, Sonora, Coahuila, Durango y Jalisco.

Las especies de las cuales se obtiene el pulque son *A. salmiana, A. mapisaga* y *A. atrovirens,* que se distribuyen principalmente en el Valle de México, en los estados de México, Morelos, Tlaxcala, Hidalgo y Puebla.

Al igual que el maguey mezcalero y el tequilero, el maguey pulquero (figura X.1) requiere aproximadamente diez años para alcanzar su madurez y poder ser aprovechado. La etapa productiva de un

FIGURA X.1. *Agave pulquero*

maguey pulquero comienza cuando éste es "capado", es decir, cuando se le corta el conjunto de pencas más tiernas del centro de la planta para que, al cabo de cuatro meses, comience a dar sus primeros litros de aguamiel. El periodo de producción del aguamiel dura generalmente de tres a cuatro meses, y rinde en promedio unos 300 litros. Para recogerlo se utiliza el "acocote", que es una calabaza alargada que sirve como pipeta (succionador) de grandes proporciones.

El aguamiel se consume directamente, siendo una bebida de sabor agradable que contiene alrededor de 9% de azúcares (sacarosa). Se puede beber cruda o hervida. Cuando se consume cruda existe el peligro de que las saponinas que contiene, al tocar la piel junto a la boca, la irriten produciendo ronchas.

Los mexicas, en su peregrinación desde Aztlán o Lugar de las Garzas, en busca del lugar donde fundarían Tenochtitlan, aprendieron a fermentar este jugo azucarado al que atribuyeron propiedades

165

mágicas. Esta bebida, llamada *octli,* tuvo una gran importancia a juzgar por los testimonios pintados en diversos códices.

A la llegada de los españoles, este vino blanco perdió, junto con su nombre *(octli),* su categoría, y pasó, con el nombre de pulque, a ser la bebida de los pobres, quienes han mantenido su afición a él hasta nuestros días. El nombre pulque con el que los españoles denominaron a esta bebida da idea de la degradación en categoría que sufrió, ya que, según Núñez Ortega, este nombre deriva de *poliuqui,* que significa 'descompuesto'. Posiblemente impresionó a los conquistadores oír exclamar a los indígenas, cuando se les daba un pulque de mala calidad, *octli poliuqui,* es decir, pulque malo o descompuesto, de manera que el adjetivo aplicado a la bebida descompuesta fue lo que pasó al español, en vez del *octli,* que era el nombre de la bebida. El pulque, a pesar de los intentos por erradicar su consumo, sigue siendo utilizado hasta nuestros días y forma parte importante del folklore mexicano.

X.1.2 *Proceso*

El proceso tradicional para elaborar el pulque inicia con la extracción del aguamiel con el acocote que tiene una perforación en cada extremo, uno de los cuales entra en contacto con el aguamiel y por el otro se succiona con la boca haciendo vacío dentro del acocote; la persona que realiza esta operación es llamado "tlachiquero". El aguamiel se colectaba en recipientes de 50 litros llamados "castañas", después era trasladado del campo a las tinas de fermentación que eran de piel de vaca con marcos de madera.

Hoy en día esas tinas han cambiado de tamaño, ya que se utilizan recipientes de plástico de 100 litros. Posteriormente se adiciona la semilla madura del pulque conocida también como *xanaxtli,* la cual, junto con las levaduras naturales del aguamiel, inicia el proceso de fermentación. Antiguamente las personas que se encargaban de preparar la fermentación y cuidar el desarrollo de ésta, para determinar cuándo el pulque está en su punto adecuado para su consumo, heredaban esta actividad de padres a hijos y se hacía una tradición familiar. El proceso de fermentación se realizaba durante 7-14 días y era controlado por las facultades sensoriales y la experiencia del mayordomo.

Actualmente, conforme la fermentación avanza, es controlada por catadores que vigilan la viscosidad y sabor para determinar el momento en que se debe suspender.

El proceso continuo de producción del pulque consiste en ir adicionando aguamiel fresca al tanque donde se realiza la fermentación e ir sacando pulque para comercializarlo. Por ejemplo, a un barril de 100 litros se le pueden sacar 40 litros de pulque fuerte, el cual después es rebajado, así queda todavía una cantidad de pulque fuerte dentro del barril, el cual se conoce como pie, para que pueda aguantar la adición de otros 40 litros de aguamiel fresca. Es de esta forma como los productores de pulque trabajan.

Las características del pulque dependen de la temperatura ambiente, la humedad, la época del año, así como de la calidad del aguamiel; se dice que una vez que se inicia la temporada de lluvias ya no se produce buen pulque. Durante el proceso de fermentación se tienen que seguir ciertas reglas o tradiciones, ya que las antiguas creencias dicen que esto hace que se obtenga un buen pulque. Por ejemplo, no se permite la entrada de mujeres a los cuartos de fermentación; si se cae un sombrero dentro de la tina de fermentación, éste se debe de llenar de pulque y bebérselo para que desaparezca la mala suerte.

El pulque es una bebida blanca con un contenido alcohólico promedio de 4.3%. Entre los principales microorganismos que intervienen en la fermentación se encuentran *Lactobacillus* sp. y *Leuconostoc*, que son los que provocan la viscosidad, y *Saccharomyces carbajali*, que es la levadura responsable de la fermentación alcohólica.

Una vez que se ha determinado que la fermentación ya llegó a un punto donde se tienen las características principales del producto, éste se envasa en barriles de madera y se distribuye en los expendios llamados pulquerías. El tiempo para la distribución y venta del pulque es crítico para que la fermentación no continúe en forma considerable hasta que sea consumido.

En la época antigua, la forma en que se transportaba el pulque a los pueblos o ciudades hacía que el tiempo adecuado para su consumo fuera muy corto, ya que el movimiento de las mulas de carga sobre los terrenos con topografía accidentada aceleraban el proceso de fermentación, por efecto de la agitación/aireación. De esa manera el pulque ya llegaba con otras características a las pulquerías, las cuales no eran las adecuadas para el gusto de los consumidores.

Con la llegada del transporte automotriz, se pudo ampliar el rango de distribución del pulque, aunque no hay que olvidar que el proceso de fermentación continúa aunque más lentamente, pero es importante tener presente que la temperatura y el movimiento durante el viaje pueden afectar las características del pulque. Debido al sabor tan fuerte y astringente del pulque, se han desarrollado métodos empíricos para mejorar esas características, dentro de los cuales se incluye lo que se conoce como curado del pulque. Este procedimiento se realiza adicionando al pulque jugos de frutas, azúcar no refinada, nueces, avena, apio, fresa, guayaba, mango, jitomate y en algunos casos hasta refresco de toronja. Esto hace que el sabor del pulque cambie y también le da mejor apariencia, ya que en las pulquerías se pueden observar los recipientes de vidrios o vitroleros que llaman la atención e invitan a tomar esta bebida.

X.1.3 Características de la bebida y aspectos originales

Por los estudios químicos que se les han realizado, se sabe que el aguamiel y el pulque son bebidas ricas tanto en proteínas como en vitaminas y calcio. Otros estudios han reportado que el pulque es rico en vitaminas del complejo B, C, D y E, así como ciertos aminoácidos.

Los indígenas lo utilizaban con propósitos medicinales, así como por su efecto alucinógeno. En la actualidad, en pequeñas comunidades o pueblos, el pulque se les da a las mujeres después de haber dado a luz, ya que las reestablece físicamente y se dice que ayuda a la producción de la leche materna. A pesar de esta riqueza nutricional, el consumo del pulque no está muy difundido, ya que la mayoría de la población lo considera un producto de las clases pobres, de una consistencia muy viscosa, así como de sabor y olor no fácilmente aceptables por aquellos consumidores sin esta tradición.

X.1.4 Futuro

Como se mencionó, uno de los problemas del pulque es su tiempo de almacenamiento, el cual es muy corto, debido a que la fermentación continúa durante su transporte o almacenamiento. Debido a la creciente demanda de esta bebida, en la década de 1940 se hicieron intentos de envasar el pulque en latas, pero debido a que la fermentación continúa, se produce gas, lo cual hizo que las latas explotaran y se perdiera la producción. Posteriormente, en 1994, en el rancho San Isidro en Nanacamilpa, en el estado de Tlaxcala, se empezó a envasar el pulque para su venta, de ahí nació la empresa Bebidas Naturales San Isidro, la cual tiene en el mercado del sur de Estados Unidos y Alemania un producto cuyo nombre comercial es "Néctar de Apam". Aunque no se conoce con certeza el proceso para realizar el envasado, se sabe que lleva a cabo una pasteurización, pero con condiciones controladas y específicas que evitan que el pulque pierda sus características tradicionales. El producto puede mantenerse en almacenamiento hasta 12 meses y no necesita refrigeración.

Por un lado, el futuro del pulque está en desarrollar procesos que puedan alargar su tiempo de almacenamiento (vida de anaquel), que sean económicos y efectivos; esto implica que no cambien sustancialmente sus características de sabor, consistencia y nutricionales pero que se haga aceptable a consumidores alejados de esta tradición. Por otro lado, el problema que se tiene es la escasez de materia prima, por lo que estudios orientados a desarrollar variedades de agave que tengan mejor composición y cantidad de azúcares para la fermentación serían estratégicos para los productores del país en esta rama.

Una estrategia integral del uso del maguey podría ayudar a tener mayor rentabilidad a los productores. Se dice que además del pulque se pueden obtener otros productos como miel, una bebida destilada del pulque, gusanos de maguey y jugo de maguey; este último puede ser utilizado como saborizante en diversos platillos tradicionales mexicanos. Finalmente, se espera que se mantenga en el futuro esta peculiar bebida para preservar, por lo menos, la riqueza de nuestras tradiciones.

X.2 Tequila

X.2.1 La bebida y su industria

El tequila, tradición mexicana por excelencia, es una bebida alcohólica del tipo de los mezcales que se obtiene a partir de los azúcares del agave tequilero *(Agave tequilana* Weber, variedad azul; véase la figura X.2), así como de otros azúcares de fuentes diversas, en una proporción del 51 y 49%, respectivamente. Se considera que esta bebida sólo es producida en un territorio protegido por la denominación de origen que comprende todo el estado de Jalisco, y algunos municipios de los estados de Guanajuato, Michoacán, Nayarit y Tamaulipas, todos ellos entidades federativas de la República Mexicana. El tequila fue la primera bebida en el mundo con denominación de origen cuya materia prima tarda más de siete años en cultivarse.

La palabra tequila tiene varias acepciones, aunque las más acertadas se refieren a 'el lugar en que se corta' o un 'sitio donde se efectúa cierto tipo de labores' (del náhuatl *tequitl:* 'trabajo', 'oficio', 'empleo', 'fatiga', y *tlan:* 'lugar'). El primer significado guarda relación con el corte o cosecha del agave tequilero. El cultivo del agave tiene más de 100 años de poseer una alta especialización en cuanto a labores agrícolas que en él se llevan a cabo, así como en las herramientas utilizadas, especialmente en su región de origen. De ahí que el segundo significado también esté estrechamente relacionado con el cultivo. El nombre de Tequila también lo llevan la ciudad, el municipio, el valle y el cerro de la región donde se originó la bebida.

La industria tequilera ha sido considerada la más antigua en la zona occidental de México y ha promovido el primer producto mexicano en ser oficial y legalmente reconocido por su nombre de origen.

Figura X.2. *Agave tequilero*

A partir de 1944, el grupo de industriales del tequila inició gestiones para proteger la denominación de origen, promoviéndose hacia 1958 la formación de la Cámara Regional de la Industria Tequilera. Luego, en 1959, dicha cámara fue reconocida oficialmente, y se dio a las tareas de representar los intereses de la industria en general, promover su desarrollo y combatir la adulteración y la competencia ilícita.

Actualmente la industria tequilera propone que la verificación y certificación de la calidad del tequila ya no sean realizadas por la cámara mencionada, que sería juez y parte, sino por un sector privado al que se le llama Consejo Regulador del Tequila. Lo anterior en virtud de que se considera que la verificación del tequila debe ser un proceso transparente donde participen varios sectores involucrados, como los productores de agave, los productores de tequila y el sector comercializador de la bebida.

La adulteración del tequila ha traído como consecuencia una falta de credibilidad por parte de los consumidores y una mala fama en general para la bebida. Aunque el criterio para definir la calidad de una bebida como el tequila se ha basado históricamente en características aparentemente subjetivas de sabor y aroma (organolépticas), el gusto del consumidor no puede ser engañado fácilmente. De hecho, en años recientes la industria ha realizado esfuerzos importantes para evaluar la calidad y detectar adulteraciones mediante técnicas modernas de análisis químico, a fin de reducir la subjetividad de las evaluaciones y permitir así la oferta de productos con controles estrictos de calidad.

X.2.2 El agave tequilero

Con la conquista, la amplia gama de usos del agave se redujo y los fermentos fueron destilados para obtener bebidas alcohólicas llamadas aguardientes, "vinos de mezcal" o simplemente "mezcales". Estos licores se obtuvieron a partir del agave cocido, no del aguamiel. El nombre "mezcal" viene del náhuatl *metl:* 'agave', y *calli:* 'cocido'. El mezcal fue una nueva forma de aprovechar el agave.

Desde 1621, uno de los llamados "vinos de mezcal", el tequila, ya abastecía a la ciudad de Guadalajara. Su importancia y crecimiento fue relativamente rápido. El primer periodo de desarrollo de la agroindustria del agave tequilero floreció en los siglos XVII y XVIII, y constituyó la actividad económica fundamental de la región. Hoy en día sólo una especie de agave es la que se cultiva en más de 50 000 hectáreas de tierras sin riego (temporaleras) en Jalisco, la *Agave tequilana* Weber, variedad azul, con la cual se elabora el tequila (figura X.3).

Esta especie pertenece al subgénero *Agave,* cuya inflorescencia es una panícula. A su vez se incluye en la sección Rigidae, a la cual pertenecen muchas especies fibreras y mezcaleras de México y Centroamérica, que no se encuentran en los Estados Unidos de América. Pertenecen además a esta sección las especies cultivadas para producir fibra, como el henequén *(A. fourcroydes)* y el espadín *(A. angustifolia),* que se utiliza para la elaboración de mezcal en Oaxaca.

El agave tequilero tiene tres formas de propagarse: por vía sexual en forma de semillas, por hijuelos de rizoma y por bulbillos (pequeños

Figura X.3. *Plantación de agave tequilero*

hijuelos) de la inflorescencia o quiote; estas dos últimas son vías ase-xuales. La vía sexual, o sea por semillas verdaderas, no es utilizada y pocas veces es vista, ya que se suprime la floración en el cultivo. Las semillas del agave tequilero tienen un bajo porcentaje de germi-nación, su crecimiento es lento, y las plántulas resultantes son muy heterogéneas para el cultivo.

Los hijuelos de rizoma son comúnmente usados en el cultivo pa-ra el establecimiento de plantaciones. Esta ha sido la única forma de propagación que se ha practicado por mucho tiempo (más de 200 años). La ventaja de esta forma de propagación es la rapidez con que se obtienen plántulas de buen tamaño y la cantidad de éstas produci-das por planta. El tiempo que transcurre de la emergencia del hijuelo hasta su tamaño comercial puede ser de dos años. Por otro lado, los bulbillos son hijuelos pequeños que emergen en el quiote, junto a las flores no fecundadas que caen posteriormente sin formar frutos. Es-tos hijuelos no se utilizan en la propagación de material vegetativo para plantación.

Además de las formas de propagación mencionadas, se ha propuesto la utilización del cultivo de tejidos *in vitro* para selección y reproducción masiva de plantas con características genéticas deseables y homogéneas, ya que el mejoramiento genético tradicional no ofrece soluciones rápidas. La problemática para llevar a cabo mejoramiento genético en los agaves radica en su largo ciclo de vida, en la limitada fertilidad que poseen, en su alta poliploidía (números diferentes de juegos de cromosomas), en la precocidad de los órganos sexuales masculinos y en su incompatibilidad genética.

La primera propagación del agave tequilero por cultivo de tejidos se reportó en 1987, en un periodo crítico de abasto de agave. Dicha técnica se mostró entonces como una panacea a la problemática mencionada. En esos tiempos hubo apoyos para investigación en el área de micropropagación del agave tequilero, aunque nunca se exhibieron plantas micropropagadas. A la fecha no se conocen proyectos al respecto que funcionen con rapidez y eficiencia, por lo que se siguen haciendo esfuerzos de investigación al respecto. Sin embargo, la técnica ya no parece ser del interés de los productores de agave y tequila ya que aparentemente no están convencidos de los beneficios potenciales.

X.2.3 *Proceso de elaboración del tequila*

Actualmente, la producción industrial de tequila involucra varios pasos principales. El primer paso general involucra la obtención de las mieles a partir de las "cabezas" o tallos. Para la extracción de dichas mieles deben convertirse los polisacáridos de la cabeza en moléculas de azúcares más simples que puedan ser fermentados por las levaduras. Para conseguir dichas mieles o mostos, como suelen llamarse, se cuece a vapor la materia prima molida o sin moler y se exprime agregando agua a presión al bagazo.

El cocimiento con vapor de agua a presión se realiza en tradicionales hornos de mampostería o en modernas autoclaves. El tiempo de cocimiento es más largo en los hornos antiguos (48 horas) que en las autoclaves (12 horas). La cocción tiene el objetivo de hidrolizar los azúcares complejos, como la inulina y el almidón, en azúcares como la fructosa y sacarosa fácilmente fermentables. Generalmente se cuecen las mitades de cabeza, que son partidas manualmente con hachas.

Al terminar el cocimiento, el material cocido es transportado a molinos donde se corta en pequeños pedazos de algunos centímetros. Para extraer las mieles de la materia prima de agave cocido se aplica agua a presión al bagazo y luego se exprime en tornillos transportadores sinfín. Las mieles son entonces separadas para continuar el proceso industrial, mientras que el bagazo con una cantidad insignificante de azúcares sale del proceso después de este procedimiento. Entre 55 y 60 kilogramos de bagazo son desechados para la producción de un litro de tequila.

Las mieles extraídas del agave cocido son captadas en depósitos y transportadas por tuberías a las tinas de formulación o de fermentación. La formulación consiste en mezclar las mieles de agave con un preparado de otras mieles, en especial de caña de azúcar, para posteriormente ser fermentadas. Ya que las mieles para elaborar tequila 100% de agave no requieren formulación, éstas se dirigen directamente hacia la fermentación. La formulación, por lo tanto, sólo se lleva a cabo con los tequilas que se preparan con una mezcla de azúcares y que, según la norma oficial, deben tener una proporción de 51% de agave y 49% de otras mieles.

El bagazo es utilizado actualmente como material de embalaje (empaque) para loza, para rellenar muebles y en la fabricación de adobe (material de construcción). Otros usos incluyen la preparación de aglomerados, combustible, papel y como sustrato para producir hongos comestibles.

El segundo paso importante en el proceso es la fermentación. La fermentación es una parte muy importante del proceso industrial; en ésta se transforman los azúcares en alcohol etílico y en otros productos en menores proporciones.

Los depósitos de fermentación son grandes tinas de acero inoxidable que son llenadas con las mieles, las cuales también son llamadas mostos. Al mosto se le agrega agua, levaduras y nutrientes para la fermentación. El inóculo de levaduras es preparado previamente y cultivado bajo condiciones controladas, para después multiplicarlas en grandes volúmenes.

Las levaduras utilizadas en la fermentación pertenecen al género *Saccharomyces*, siendo *S. cerevisiae* la especie comúnmente utilizada. Sin embargo, puede considerarse que las cepas tequileras son diferentes según el adiestramiento y desarrollo que les da cada empresa tequilera.

El tiempo que dura la fermentación varía de acuerdo con la temperatura ambiental, y ésta a su vez cambia con la época del año. Por ello, a bajas temperaturas en invierno, la fermentación se alarga a más de 24 horas. La fermentación tiene un progreso similar a la curva de desarrollo de cualquier microorganismo, teniendo un crecimiento inicial exponencial, una segunda fase lineal (fase estacionaria) y un último estadio de decremento del crecimiento (fase de muerte).

Los productos principales de la fermentación son alcohol etílico, bióxido de carbono, agua y energía que se desprende en forma de calor. El mosto en plena fermentación es efervescente y el movimiento cesa cuando las levaduras han terminado su trabajo. En ese punto la fermentación termina y se dice que el mosto está muerto; las levaduras terminaron la conversión de azúcares en alcohol, adicionalmente a otras transformaciones no bien identificadas.

El tercer paso importante es la destilación, por medio de la cual los fermentos son separados mediante calor y presión en productos de riqueza alcohólica (tequila) y en vinazas, las cuales son productos de desecho. Las vinazas son llamadas también lodos de fermentación y están compuestas principalmente por agua, ciertos alcoholes y levaduras. En la destilación, los fermentos son pasados por tuberías a los alambiques de destilación, donde se calientan a altas temperaturas. La destilación se efectúa en alambiques de cobre o acero inoxidable y hasta en torres de destilación continua.

Los alambiques comunes constan de tres partes: la olla o caldera, donde se deposita el mosto para su calentamiento, la columna o capitel, que recoge y conduce los vapores, y el serpentín, en el que se enfrían los vapores volviéndose líquidos. Los puntos de ebullición de los diversos compuestos y los diferentes volúmenes y presiones del alambique ayudan a la separación de gases que se condensan en productos de mayor riqueza alcohólica.

Para elaborar tequila se necesitan dos destilaciones; la primera se denomina destrozamiento, y la segunda rectificación. Con la rectificación se incrementa la riqueza alcohólica y se eliminan los productos indeseables, obteniendo un producto de mayor pureza. Al tequila recibido del destrozamiento se le llama "tequila ordinario", y al que viene de la rectificación se le considera como "tequila blanco".

Como fases finales de la producción de algunos tequilas vienen pasos de ajustes con agua de dilución a su graduación alcohólica comercial, así como el reposo en barricas de madera de roble o encino para los tequilas reposados y añejos.

X.2.4 Control de calidad

Además de las vinazas, existen otros subproductos del inicio y final de la destilación conocidos como cabezas y colas, respectivamente. Estos productos son fuertes solventes orgánicos que son controlados para asegurar la calidad del tequila. Asimismo, mediante análisis cromatográficos y químicos en laboratorio se confirma la presencia o ausencia de niveles altos de sustancias nocivas tales como el metanol, además de supervisar la uniformidad y pureza de los elementos que integran el producto.

Algunas otras de las variables que son medidas y controladas en la calidad del tequila son la acidez, los ésteres, alcoholes superiores, aldehídos, furfural, fosfatos, pH, el grado alcohólico, el extracto seco, azúcares, cenizas y color. Los rangos en que estos parámetros pueden variar los establece la ley en la norma oficial del tequila, mientras que la Cámara Regional de la Industria Tequilera certifica que se cumplan y verifiquen las condiciones de calidad de todos los tequilas.

Además de los parámetros antes enlistados, existen equipos de catadores formales o informales dentro de cada empresa. A veces éstos están formados por la familia tradicional productora del tequila; en otras existen grupos de catado capacitados por la empresa con ese fin.

El proyecto de norma oficial mexicana NOM-006-SCFI-1993 establece las características que deben cumplir los tequilas y el territorio permitido para su producción. Dicha norma menciona métodos de prueba de la autenticidad, las condiciones de marcas, envases y etiquetas para frenar la adulteración, además de que hace explícita la distinción de envasado de origen, así como las etiquetas y publicidad de los tequilas 100% de agave.

X.2.5 Tipos de tequilas

Según la norma mencionada, los principales tipos de tequila están definidos como tequila blanco, tequila joven abocado, tequila reposado y tequila añejo.

El tequila blanco es aquel que se obtiene de la rectificación (segunda fermentación) y que es ajustado con agua a su graduación comercial.

El tequila joven abocado es el tequila blanco susceptible de ser abocado. El abocado de la bebida consiste en la adición de uno o más saborizantes y colorantes inocuos para suavizar el sabor de la bebida.

El tequila reposado es un producto que tiene cuando menos dos meses de permanencia en recipientes de madera de roble o encino, y que es susceptible de ser abocado y ajustado con agua de dilución a su graduación comercial.

Finalmente, el tequila añejo es el producto que ha permanecido en maduración por lo menos un año en barricas de madera de roble o encino, susceptible de ser abocado y ajustado con agua de dilución a su graduación comercial.

X.2.6 Producción tequilera

La producción tequilera ha conservado una tendencia en ascenso en el mercado nacional y de exportación, aunque el primero ha experimentado altibajos a partir de la década de los ochenta. La piedra angular de la venta de tequila a nivel nacional es el año de 1984, cuando el mercado de exportación lo rebasa, exportándose en la actualidad el 65% del total producido. Del tequila exportado, el 88% va a los Estados Unidos, el 9% se distribuye en países europeos y Canadá, y el 3% en el resto del mundo.

X.3 Bibliografía

Centro de Investigación y Asistencia en Tecnología y Diseño del Estado de Jalisco, A.C. (2004), *Ciencia y tecnología del tequila: Avances y perspectivas*, CIATEJ, A.C., Guadalajara.

Dufétel, D. (2004), "El vino de los dioses: El pulque", *Vive México*, enero-abril: 20-29.

Raymundo González, E. (2004), "El néctar de Nanacamilpa: Haciendas pulqueras de Tlaxcala", *Vive México*, enero-abril: 30-33.

Sánchez-Marroquín, A., *Los agaves de México en la industria alimentaria*, Centro de Estudios Económicos y Sociales del Tercer Mundo, México.

Valenzuela-Zapata, A. G. (1994), *El agave tequilero: Su cultivo e industrialización*, Monsanto, Zapopan.

XI. Las plantas que nutren y curan

XI.1 Introducción

EN ESTE ÚLTIMO CAPÍTULO trataremos de dar un enfoque global de las plantas mesoamericanas que, además de cumplir su función nutricional, tienen un efecto nutracéutico en la salud. Hoy en día es importante resaltar el papel que tiene la nutrición, ya que muchas de las enfermedades con una alta tasa de mortalidad a nivel mundial —como los infartos, presión arterial alta, cáncer de colon y muchos otros tipos de desarreglos metabólicos— están estrechamente ligadas con la nutrición. Actualmente, el consumo de alimentos nutracéuticos se ha incrementado; por ejemplo, alimentos con sustancias antioxidantes, como los maíces pigmentados o el frijol, ya que estos granos tienen una cantidad importante de antocianinas, a las cuales se les han conferido las propiedades de atrapar radicales libres que se encuentran circulando en la sangre y que se han asociado con patologías como el cáncer e incluso con el envejecimiento.

XI.2 Las plantas y alimentos que Mesoamérica le ha dado al mundo

A través de los diferentes capítulos de este libro, el lector se habrá podido dar cuenta de sólo una parte de la riqueza natural y biodiversidad de Mesoamérica; de cómo plantas originarias de esta región han podido aportar hacia el mundo alimentos que hoy en día se están consumiendo en diversos países, incluyendo los europeos y asiáticos. Tal es el caso de la tortilla y productos nixtamalizados, un legado de los antepasados aztecas que recientemente ha trascendido a otros continentes.

Una de las grandes compañías mexicanas ha instalado recientemente una planta en Japón para la elaboración y comercialización de harinas de maíz nixtamalizado. Los alimentos mexicanos se han popularizado en diversas partes del mundo; tal vez uno de los vehículos que ayudó a este auge ha sido la migración de los mexicanos hacia Estados Unidos de América, y aquellos que se quedaron allá con la pérdida de nuestros territorios, los cuales conforme su tradición, siguieron preparándolos y consumiéndolos, lo que hizo que las compañías alimentarias de ese vecino país prestaran atención a este mercado. Así se empezaron a desarrollar alimentos mexicanos que posteriormente se expandieron a otros mercados, como el europeo y asiático.

Se pueden también mencionar otros alimentos provenientes del maíz, como el huitlacoche, que en la actualidad es considerado una delicia culinaria y se vende en algunos de los mejores restaurantes de las principales ciudades de Estados Unidos y Europa.

Para plantas como el maguey —de la cual nuestros antepasados indígenas obtenían el aguamiel y posteriormente el pulque, un producto que es considerado nutracéutico— se están buscando alternativas tecnológicas para su industrialización y comercialización en el extranjero, teniendo en cuenta que, por su característica de ser un producto muy perecedero, ha sido muy difícil obtener un proceso que pueda alargar su vida de almacenamiento sin que el producto pierda sus características de sabor, olor y consistencia.

El nopal es una cactácea autóctona del Continente Americano, y Mesoamérica es un territorio con una alta biodiversidad de esta planta. El nopal es ampliamente cultivado en México; tradicionalmente es consumido en muchos de nuestros platillos. Diversos estudios han mostrado que es una planta rica en fibra dietaria, y que además tiene la propiedad de disminuir los niveles de glucosa en sangre, por lo que es muy popular entre las personas con diabetes. Este es un aporte extraordinario de esta planta que, además de nutrir, tiene aspectos medicinales, varios de los cuales hace falta documentar científicamente. Su fruto tiene también propiedades nutricionales y nutracéuticas que es necesario investigar en mayor detalle.

Entre las plantas que también eran la base de la alimentación de nuestros pueblos indígenas antes de la llegada de los españoles se encuentra el amaranto, que era utilizado para su consumo en platillos típicos, pero además para la elaboración de postres, como la "alegría". El alto contenido de proteínas (de buena calidad nutricional) y almidón de la semilla de amaranto ha hecho que su uso haya rebasado las fronteras, ya que en diversos países se utiliza para la elaboración de alimentos bajos en calorías, debido al aporte de fibra y a otros compuestos nutracéuticos.

No se puede dejar de mencionar el chile, como una planta originaria de México, cuyo fruto es consumido durante todos los días del año. El mexicano generalmente prepara sus platillos con algún tipo de chile o, si éste no lo incluye, se lo adiciona como una salsa o directamente en cortes diversos. El consumo del chile es una tradición familiar y se pueden ver a los niños consumiéndolo desde temprana edad.

Es grande la diversidad de especies de chile, que van desde el chile habanero en la península de Yucatán, por ejemplo, hasta algunos tipos de chiles criollos, como el piquín, que se encuentran en la frontera norte con los Estados Unidos de América. Es por eso que diversas compañías se han dedicado a la elaboración de salsas y aderezos con chile para un rápido consumo, y esos productos han sido exportados a otras latitudes del mundo, donde su consumo se ha empezado a incrementar.

En este libro se abarcaron sólo algunas de las plantas que Mesoamérica ha dado al mundo, así como productos que se pueden elaborar a partir de ellas. Estas plantas y productos en la actualidad tienen un papel muy importante en la nutrición, puesto que, además de su papel nutricional, también se les ha encontrado propiedades para la prevención y control de ciertas enfermedades.

XI.3 Compuestos e ingredientes nutracéuticos

Se sabe que para lograr y mantener una buena salud es necesario comer toda una variedad de alimentos. Una alimentación variada y equilibrada asegura que recibamos los nutrientes esenciales en las cantidades recomendadas. Sin embargo, en los últimos años se ha estudiado el efecto en la salud que tienen no nada más los nutrientes, sino también otros compuestos químicos presentes en los alimentos o que se producen a través de ciertas reacciones que suceden en el organismo cuando el alimento es consumido. Algunos de dichos compuestos fitoquímicos con actividades funcionales importantes se enlistan en el cuadro XI.1.

Lo anterior ha dado lugar a un concepto nuevo dentro del área de la nutrición y ciencia de los alimentos: el concepto de alimento funcional o nutracéutico. La idea de esta clase de alimentos fue desarrollada por primera vez en Japón durante la década de los ochenta.

A pesar de que el concepto de alimento nutracéutico es relativamente nuevo, sus bases científicas se encuentran en el conocimiento adquirido a través de la evolución de la nutrición y la ciencia de los

CUADRO XI.1. *Algunos compuestos fitoquímicos*

Terpenos	Carotenos, beta-caroteno, licopeno, xantofila
	Limonoides, D-limoneno, pineno

Fitoesteroles

Poliaminas

Antocianidinas, catequinas, ácidos gálicos

Isoflavonas: genisteína, daidzeína

Lignanos y tioles

Tocoferoles y tocotrienoles

alimentos durante el siglo pasado o por la transmisión de información, de generación en generación, de qué alimentos o plantas pueden ayudar a la prevención o tratamiento de enfermedades.

En los últimos años, las investigaciones científicas han demostrado que los alimentos contienen sustancias fisiológicamente activas que, al igual que los nutrientes esenciales, son necesarias para un estado saludable del organismo. Estos compuestos químicos han recibido el nombre de nutracéuticos, los cuales parecen complementarse con los nutrientes esenciales y logran el efecto deseado de prevención de enfermedades. Las investigaciones sobre los alimentos nutracéuticos y las sustancias que les dan esa característica es un tema de actualidad, que llevará muchos años. Las líneas de trabajo se enfocan a conocer la funcionalidad de esos compuestos nutracéuticos en el alimento, los efectos fisiológicos y clínicos, estudios de caracterización química, así como la síntesis de los ingredientes nutracéuticos para el desarrollo de nuevos alimentos y medicamentos.

En la actualidad, se pueden clasificar los ingredientes nutracéuticos como suplementos alimenticios que contienen sustancias naturales y

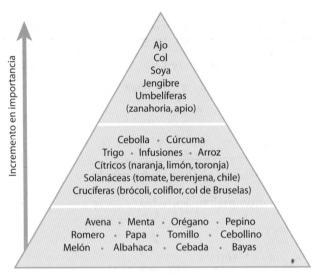

FIGURA XI.1. *Alimentos o ingredientes con propiedades nutracéuticas*

sintéticas. Algunos ingredientes funcionales que contienen las plantas o sus extractos (productos herbales) se derivan de tradiciones milenarias, como el ginseng en Asia, maca de Perú y Bolivia, o el nopal de México. La figura XI.1 muestra una pirámide de los alimentos considerados como los nutracéuticos más importantes identificados a la fecha, con los más importantes en la cúspide de la pirámide. Esta clasificación trata de poner en evidencia los alimentos en los que se han logrado demostraciones científicas más contundentes sobre su potencial nutracéutico.

XI.4 Los alimentos de la sociedad actual y la obesidad

Debido al aumento de la población y por las actividades cotidianas de la vida moderna, los hábitos alimenticios han ido cambiando. En México tradicionalmente las mujeres se dedicaban principalmente a las actividades del hogar, las cuales incluían la preparación de los alimentos. Ellas recolectaban las frutas y hortalizas de los huertos familiares y sacrificaban a los animales de granja, como gallinas y guajolotes, que previamente eran alimentados con semillas y otros materiales también producidos en las comunidades. Es por eso que la alimentación era más "natural", ya que desde la siembra y la recolección se cuidaban los aspectos de calidad y por supuesto la cadena alimenticia era muy corta. Se recuerda como las abuelas cocían el nixtamal, lo molían en metate y se obtenía la masa, con la cual preparaban las tortillas usando un método manual; tortillas recién elaboradas que eran consumidas por toda la familia.

Cabe mencionar que muchas de estas tradiciones aún se conservan en el campo mexicano, ya que los campesinos siembran su parcela y recolectan maíz, frijol, calabaza y hortalizas en general, que usan para su consumo.

No obstante, la mancha urbana ha llegado al campo y por ende las tierras para el cultivo y cría de animales han ido disminuyendo. Por otro lado, la participación de la mujer en los procesos productivos y en el aporte de la economía familiar ha hecho que se tenga que recurrir más frecuentemente a los alimentos procesados en forma industrial, los cuales son de fácil preparación y consumo. Sin embargo, muchos de ellos tienen un alto contenido de carbohidratos —de fácil asimilación— y de grasas, frecuentemente de origen animal, que conducen al exceso en la ingesta de colesterol y triglicéridos, lo cual genera la obesidad.

Se consideraba que la obesidad estaba relacionada con la cantidad de alimento consumido; pero este desarreglo metabólico es más complejo: hay una cantidad apreciable de factores que contribuyen a ella, como son la herencia genética, el comportamiento del sistema nervioso, endocrino y metabólico, y el tipo o estilo de vida prevaleciente, en el que la falta de ejercicio físico suele ser el denominador común.

El apetito, y por tanto el peso, es determinado por vías localizadas tanto en el cerebro como en el tracto gastrointestinal. Los patrones de alimentación se regulan por los centros de hambre y saciedad localizados en el hipotálamo y la pituitaria del cerebro. En ellos se producen varias moléculas para controlar de forma adicional este proceso estimulando o suprimiendo el hambre. En algunos casos, los factores genéticos pueden producir desequilibrios en sustancias químicas, como la insulina, neuropéptidos y otros.

Actualmente se reconoce que los factores hereditarios son determinantes en la forma en que cada individuo reacciona frente a un entorno de abundancia de alimentos. Un niño de padres obesos tiene el riesgo de sufrir obesidad 10 veces superior a lo normal. Esto es en parte debido a las tendencias metabólicas de acumulación de grasa, pero también se debe a que los hábitos culturales alimenticios y sedentarios contribuyen a repetir los patrones de obesidad de padres a hijos. Es por eso que la nutrición balanceada y nutracéutica ayuda a abatir los problemas de obesidad y de las enfermedades relacionadas.

Considerando la problemática de salud que ha traído el consumo de alimentos industrializados, la tendencia actual es que los empresarios de este ramo elaboren alimentos mínimamente procesados, donde se trate de conservar las características naturales de la materia prima, que la adición de otros ingredientes sea mínima (evitando casi por completo la adición de grasa de origen animal y otros compuestos indeseables), y que se incluya la adición de algún compuesto de origen nutracéutico, como puede ser la fibra dietética o algún antioxidante natural. Debido a lo anterior, es importante recurrir a las plantas mesoamericanas que tradicionalmente han sido utilizadas en la alimentación y que, por información científica o empírica, se les reconocen efectos curativos contra diversas enfermedades, como en el caso del pulque, que ayuda a la producción de leche materna en la mujer en lactancia y que se asocia con una longevidad en muchas comunidades rurales de México, donde cotidianamente se consume esta bebida.

XI.5 El papel de la biotecnología: plantas genéticamente modificadas, bioseguridad, genómica nutricional y farmacogenómica

La biotecnología ha tenido y tiene un impacto importante en la alimentación; recordemos cómo en sus inicios se empezaron a desarrollar microorganismos que ayudaron a la producción de compuestos de interés, como aminoácidos, proteínas, pigmentos y polisacáridos, por mencionar algunos, hasta entrar a la era del ADN (ácido desoxirribonucleico) recombinante. En esta etapa, a través de técnicas de biología molecular, se ha podido modificar la expresión genética y obtener organismos (microorganismos, plantas y animales) que pueden ser productores de algún compuesto de interés comercial, o bien conferir alguna propiedad a dichos organismos, como la resistencia de las plantas a plagas; a estos organismos se les conoce como transgénicos o genéticamente modificados.

Dentro de las plantas que se han desarrollado en México, tenemos un maíz transgénico. Como se mencionó en el capítulo respectivo (pp. 24, 37 y 50), el maíz es deficiente principalmente en dos aminoácidos esenciales (lisina y triptófano), por lo que, mediante técnicas de biología molecular, se aisló el gen de la semilla del amaranto que se encarga de expresar o producir una proteína de calidad nutricional excepcional y se introdujo dicho gen en el genoma del maíz, gracias a lo cual ahora este maíz transgénico tiene una mejor calidad proteínica.

Sin embargo, el uso y consumo de materiales transgénicos implica estudios de impacto ecológico y de bioseguridad; en este último caso se debe probar la inocuidad de dichos productos. Una de las controversias existentes sobre el consumo de alimentos transgénicos es que su consumo podría causar una cierta anomalía o patología en el organismo, ya que la producción de un alimento transgénico involucra la manipulación del genoma y que el consumo de éste podría alterar el genoma de la persona que lo consuma, y por lo tanto desarrollar mutaciones o malformaciones al individuo o a sus hijos. Esta es una creencia, desde el punto de vista científico, mal entendida, ya que muchos de los alimentos "naturales" que hoy se consumen han venido evolucionando a través de cruzas genéticas tradicionales, sin que hasta el momento se tengan indicios contundentes de que éstos hayan o estén causando algún trastorno fisiológico o metabólico en los seres humanos.

Los estudios de bioseguridad de alimentos transgénicos se efectúan utilizando anticuerpos humanos, donde el antígeno es el compuesto que se produce en el alimento modificado genéticamente. Si el antígeno produce una respuesta diferente en el sistema inmunológico es que se ha alterado la producción de alguna sustancia en el organismo, lo cual puede ser el producto del cambio de un gen o un grupo de genes en el genoma, por lo que esa sustancia del alimento transgénico causó alguna alteración a ese nivel.

Uno de los hallazgos importantes en el estudio del genoma humano es que existen diferencias en la secuencia de los genes entre los individuos (polimorfismos de un solo nucleótido), lo cual hace que cada uno de nosotros responda en forma diferente a factores ambientales, tales como la dieta. Estudios del genoma humano han demostrado que existe un 99.9% de homología entre los seres humanos, pero esa diferencia del 0.1% produce comportamientos diferentes de los seres humanos a ciertas situaciones, como puede ser la facilidad o resistencia a adquirir o desarrollar ciertas enfermedades. Estas diferencias genéticas son la clave que ha hecho posible el desarrollo de una disciplina científica llamada nutrigenómica o genómica nutricional. En el ámbito de la salud, uno de los principales retos de la industria de alimentos —desde lo que es la materia prima hasta el producto terminado— es entender a nivel molecular la expresión de los genes y su relación con la nutrición.

La nutrigenómica es el estudio de cómo los compuestos que se encuentran en forma natural en los alimentos alteran o modifican la expresión de la información genética en cada individuo. Dentro de esta disciplina convergen especialmente tres áreas del conocimiento: nutrición, biología molecular y genómica. La integración de estas disciplinas ha llevado a identificar y entender las diferencias entre individuos y poblaciones y las similitudes en la expresión genética o en el fenotipo, en respuesta a la dieta. En la figura XI.2 se puede observar la relación entre las diferentes disciplinas para conocer la función del gen y el fenotipo.

Hace ya algunos años se empezó a observar que había individuos o poblaciones que respondían en forma diferente al consumo de cierto tipo de dieta, ya que en algunos casos se esperaba que el consumo de esa dieta ocasionara alguna enfermedad crónica, cosa que en algunos

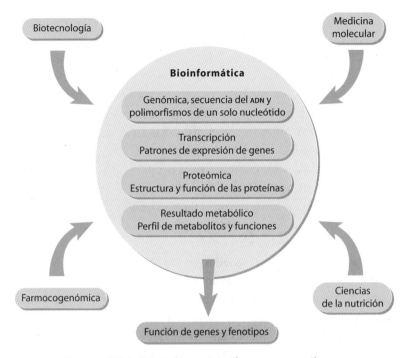

FIGURA XI.2. *Disciplinas científicas que contribuyen a la nutrigenómica*

individuos o poblaciones no ocurría, aunque en otras sí·se manifestaban patrones de enfermedades.

Este tipo de comportamiento se debe a las diferencias genéticas. Cuando un gen es activado o expresado, se produce una proteína o más de una proteína. Usando técnicas de biología molecular y las herramientas de la genómica, los científicos han identificado cuáles son los genes responsables de la producción de ciertas proteínas de interés nutricional, tales como las enzimas digestivas, ciertas moléculas responsables del transporte de nutrientes y muchas otras moléculas que participan en el metabolismo y la utilización de los componentes de la dieta, incluyendo los macronutrientes, vitaminas, minerales y compuestos derivados de las plantas, como colorantes, antioxidantes y otros.

Los patrones de expresión de los genes producen un fenotipo, el cual representa las características físicas u observables de un organismo, por ejemplo su color de piel, peso o la presencia o ausencia de alguna enfermedad. Las características fenotípicas no son necesariamente producidas únicamente por los genes. La expresión fenotípica es influida por la nutrición. Por ejemplo, algunos individuos (componente genético) pueden consumir dietas ricas en colesterol y no desarrollan obesidad (componente nutricional).

Debido a que ciertos compuestos presentes en los alimentos pueden tener efectos benéficos en la salud, es posible relacionarlos con la que hoy en día se conoce como farmacogenómica, la cual es una disciplina que estudia cómo un fármaco actúa sobre el genoma.

Por los avances registrados en el conocimiento del genoma humano, se sabe que las enfermedades genéticas fundamentalmente son de dos tipos: las enfermedades mendelianas (las menos frecuentes), que se deben a un fallo genético puntual (si se tiene la mutación, se manifiesta la enfermedad y eso sigue las leyes de Mendel); por otra parte, están las denominadas enfermedades alogénicas y multifactoriales, que están asociadas a múltiples defectos distribuidos a lo largo del genoma humano y que, además, están influidas por el entorno (en esta categoría están el 80% de las patologías del sistema nervioso central). Las variaciones genéticas que existen entre los individuos son una limitante fundamental para los tratamientos actuales que se utilizan en el manejo de las enfermedades del sistema nervioso central.

Cada persona reacciona de una forma diferente a un medicamento, de ahí la necesidad de introducir tratamientos individualizados, por lo que la farmacogenómica servirá para optimizar el rendimiento de los fármacos, dirigiendo el fármaco a la persona y patología específica, con lo cual se evitarán efectos secundarios o colaterales y se reducirán los costos de los sistemas de salud.

Con los avances científicos del estudio del genoma humano, se sabe que la enfermedad de Alzheimer se asocia a más de 30 genes específicos a lo largo del genoma, donde unos están más mutados que otros. Pero es el resultado de la integración de todos esos genes lo que va a hacer que al final se manifieste la enfermedad o no. Cuantos más genes estén afectados, la enfermedad se manifiesta antes, tiene un curso mucho más rápido y responde peor al tratamiento. Cuantos menos genes estén afectados, la enfermedad aparece más tarde, su curso es más lento y la respuesta terapéutica es mejor. Entonces, lo que se hace con la genómica funcional es analizar cómo interactúan todos estos factores, mientras que con la farmacogenómica se consigue que un determinado fármaco actúe sobre el genoma afectado de ese paciente.

Otro ejemplo del uso de la farmacogenómica es con pacientes infectados por el VIH. Recientemente se publicó un estudio suizo que concluye que, en una serie de pacientes seropositivos, el nivel de respuesta de cada uno al tratamiento con un antirretroviral dependía básicamente de las mutaciones que pudiera tener un gen conocido como mdr1. Este segmento de ADN codifica la glicoproteína P. Los científicos comprobaron que los pacientes con determinadas variantes de este gen tenían mejor respuesta a la medicación que sus homólogos que presentaban otros polimorfismos.

XI.6 Retos para el futuro

Hoy en día los avances científicos en el estudio del genoma humano han abierto una diversidad de aplicaciones en el ámbito de la nutrición y salud; contamos también con el conocimiento de cómo las plantas que tradicionalmente eran consumidas por nuestros antepasados en Mesoamérica tienen, adicionalmente de su función nutritiva y culinaria, un aporte benéfico a la salud.

A lo largo de esta publicación se ha expuesto la importancia de los compuestos nutracéuticos, pero ahora se plantea el reto de cómo poder usar y consumir estas plantas en la nutrición, con la finalidad de ir modificando la expresión del genoma y evitar una gama de enfermedades relacionadas con el consumo de alimentos, como la diabetes, enfermedades cardiovasculares, enfermedades urinarias y enfermedades hepáticas, entre muchas otras.

Dentro del uso y consumo de las plantas mesoamericanas se tiene que considerar el desarrollo de tecnologías que no dañen o modifiquen las sustancias nutracéuticas, pero que además ese alimento sea sensorialmente atractivo para el consumidor, entendiéndose por esto que tenga un sabor y apariencia agradables. Por otro lado, también sería importante buscar procesos para la extracción o aislamiento de ciertas sustancias presentes en las plantas mexicanas, las cuales puedan usarse como fármacos dirigidos para combatir ciertas enfermedades. El cuadro XI.2 pretende integrar los muy diversos componentes que se han tratado a lo largo de este libro para sugerir una posible solución a los problemas de alimentación que ha venido padeciendo la humanidad.

XI.7 Bibliografía

Foog-Johnson, N., y J. Kaput (2003), "Nutrigenomics: An emerging scientific discipline", *Food Technology* 57 (4) : 60-67.

Nugent, A. P. (2004), "Nutrigenomics: Tailor-made foods for a genetic era?", *Nutrition Bulletin* 29 (2) : 82.

CUADRO XI.2. *La nutrición y alimentación en el siglo XXI se solucionará en buena medida por la integración de los siguientes factores:*

⇒ La biotecnología, para mejorar propiedades agronómicas y calidad de proceso, de consumo y valor nutritivo

⇒ Un mayor énfasis en factores funcionales (nutracéuticos) en los alimentos

⇒ Una industria de alimentos socialmente responsable que busque y utilice nuevos ingredientes para el desarrollo de alimentos más nutritivos y funcionales

⇒ La utilización de nuevas tecnologías de procesamiento

⇒ Políticas públicas nacionales e internacionales sobre dieta, ayuda humanitaria y fondos alimentarios de emergencia para eventos y zonas de desastre

⇒ Guías alimentarias y nutricionales que aseguren calidad y seguridad sanitaria e inocuidad en los alimentos

⇒ La nutrigenómica, o sea, el diseño de dietas hechas a la medida del consumidor con base en información genómica de grupos humanos con requerimientos específicos

⇒ Más educación al consumidor sobre alimentación correcta

AGRADECIMIENTOS

Los AUTORES expresamos un especial reconocimiento a los estudiantes de maestría, doctorado y posdoctorado que han efectuado sus trabajos de investigación en el laboratorio del doctor Octavio Paredes, y que han tenido que ver directa o indirectamente con las investigaciones consideradas en el contenido de esta publicación.

Ángel Alpuche Solís, Ana Paulina Barba de la Rosa,
Arturo Bello Pérez, Oralia Cárdenas Valenzuela,
Armando Carrillo López, San Feng Chen, Pablo Collazo Siqués,
Andrés Cruz Hernández, Alma Angélica del Villar Martínez,
Francisco Delgado Vargas, Luis Díaz Batalla,
Gabriela Espinosa Alonso, Pedro García Saucedo,
Jacqueline González Castañeda, Elvira González Flores,
Fidel Guevara Lara, Horacio Guzmán Maldonado, Gwyneth Harry,
David Hernández López, Mayolo Juárez Goiz,
José Ángel López Valenzuela, Roncai Ma, Alma Martínez Ayala,
Víctor Martínez Juárez, Gerardo Martínez Soto,
Ema Consuelo Maza Calviño, Sergio Medina Godoy,
Francisco Navarro Mendoza, Rosalva Mora Escobedo,
César Ordorica Falomir, Juan Osuna Castro, Quintín Rascón Cruz,
Cuauhtémoc Reyes Moreno, René Robles de la Torre,
Hilda Romero Zepeda, Beatriz Salcedo Chávez,
Héctor Silos Espino, Sugey Sinagawa García, Judith Urías Silvas,
Ángel Valdés Ortiz, Maribel Valdez Morales,

Karla Valenzuela Sánchez, María Elena Valverde González,
Pablo Vanegas Espinoza, Juan Vargas López, Nora Vasco Méndez
y José Zazueta Morales.

Igualmente merecen un reconocimiento equivalente las varias de-
cenas de estudiantes del Verano de la Investigación Científica y
de licenciatura que han hecho estancias y tesis en el laboratorio mencionado, y que no se citan por su nombre.

ÍNDICE DE FIGURAS

ÍNDICE DE CUADROS

199

ÍNDICE GENERAL

203

Los alimentos mágicos
de las culturas indígenas mesoamericanas
se terminó de imprimir y encuadernar
en febrero de 2006 en los talleres de
Impresora y Encuadernadora Progreso, S.A. C.V. (IEPSA),
calzada de San Lorenzo 244, 09830 México, D. F.

Se tiraron 5 000 ejemplares

Tipografía y formación en LaTeX 2_ε,
con tipos Minion de 11:14 pts.

Corrección: *Lucy Macías, Víctor Kuri,*
Ricardo Rubio y *los autores*

Preparación del material gráfico:
Sergio Bourguet

Cuidó la edición *Axel Retif*